本书出版得到"西北师范大学重点学科建设经费"、西北师范大学国家级"新农村发展研究院"资助

教育部人文社科规划一般项目"新生代农民工择业行为及影响因素分析"（项目编号：10YJA790123）

教育部人文社科规划一般项目"农村劳动力资源禀赋的代际差异及其流动行为比较研究"(项目编号:09YJA790166)

国家自然科学基金项目"劳动力流动与农村经济结构转型的互动机理及调控政策研究"（项目编号：71063017）

流动、转型与发展

——新生代农民工市民化问题研究

柳建平　张永丽◎著

中国社会科学出版社

图书在版编目（CIP）数据

流动、转型与发展：新生代农民工市民化问题研究 / 柳建平，张永丽著．
—北京：中国社会科学出版社，2015.4
（西部地区产业与农村发展系列丛书）
ISBN 978-7-5161-6057-2

Ⅰ．①流…　Ⅱ．①柳…　②张…　Ⅲ．①民工—城市化—研究—中国
Ⅳ．①D422.64

中国版本图书馆 CIP 数据核字（2015）第 081503 号

出 版 人	赵剑英	
责任编辑	王 茵　马 明	
特约编辑	王福仓	
责任校对	胡新芳	
责任印制	王 超	

出　　版	中国社会科学出版社	
社　　址	北京鼓楼西大街甲 158 号	
邮　　编	100720	
网　　址	http://www.csspw.cn	
发 行 部	010-84083685	
门 市 部	010-84029450	
经　　销	新华书店及其他书店	

印　　刷	北京君升印刷有限公司	
装　　订	廊坊市广阳区广增装订厂	
版　　次	2015 年 4 月第 1 版	
印　　次	2015 年 4 月第 1 次印刷	

开　　本	710×1000　1/16	
印　　张	14.25	
插　　页	2	
字　　数	226 千字	
定　　价	49.00 元	

总　序

经过 30 多年的高速增长，我国经济社会发展取得了举世瞩目的成就，一跃成为全球第二经济大国。但是，农村地区，尤其是西部农村地区的相对落后，给中国奇迹蒙上了一层阴影。

在过去数十年间，我国农民收入水平稳定快速增长，新农村建设卓有成效，工业化、城镇化与农业现代化综合推进，农村面貌发生了翻天覆地的变化。但同时我们也看到，在全新的发展阶段，我国"三农"发展面临着诸多的新难题新挑战，主要表现在：以土地制度为核心的农村综合改革进入攻坚阶段；社会经济发展对绿色、安全、高效、现代农业的要求越来越高，农业结构调整压力进一步加大；农村资源环境约束趋紧，农业生产成本攀升，农业增效、农民持续增收难度加大；伴随着刘易斯转折点的来临，农村劳动力流动加快，农村空心化、老龄化问题日益凸显等，这一系列重大问题的解决关系到农村小康社会建设的进程和水平。

如果说"三农"问题依然是我国面临的重大问题和挑战，那么这一问题在西部地区尤为突出。由于自然、历史等多方面的原因，我国西部地区农业农村社会经济发展严重滞后于东部地区，突出表现在：农业基础设施建设薄弱，自然条件严酷；农业生产经营方式转换滞后，产业化水平低，农业技术进步缓慢；农村贫困问题突出，反贫困压力依然很大；农村劳动力流动规模越来越大，农业劳动力老龄化、妇女化问题突出。但同时我们也看到，我国西部地区地域辽阔，光、热、水、土资源丰富，物种资源多样，发展特色农业具有很大的优势和潜力；经过多年的发展，西部地区特色农业和农村发展已有一定的基础；"一路一带"发展战略的实施和经济结构战略性调整，为西部地区发展特色农业提供了难得的机遇和广阔的空间。

如何充分挖掘农业发展潜力，推进西部农村地区加快发展，提高西部农民收入水平，成为当前我国的重要政策目标。许多学者就此出谋划策，涌现了一批优秀研究成果。张永丽教授主编的《西部地区产业与农村发展系列丛书》就是其中的优秀研究成果之一。

这套丛书由《结构转型、战略转换与消除贫困——以甘肃省为例》、《自主创新与甘肃现代农业发展研究》、《流动、转型与发展——新生代农民工市民化问题研究》以及《区域产业转移技术创新溢出效应研究》等四部著作组成。其中，《结构转型、战略转换与消除贫困——以甘肃省为例》一书，以西部地区典型省份甘肃为例，针对甘肃和其他西部地区反贫困问题呈现的新特点，将反贫困战略和模式上升到了一个全新的高度，即新时期西部地区反贫困战略应该作为国家发展战略的一个重要组成部分，在反贫困目标、理念、模式、内容和途径方面进行全方位调整。《自主创新与甘肃现代农业发展研究》一书，将农业技术进步作为现代农业发展的核心，提出甘肃现代农业发展的关键在于提升农业自主创新能力和农业自主创新效率，同时指出，作为现代农业发展载体的"农业科技园区"，将为现代农业发展提供有效的科技支撑。《流动、转型与发展——新生代农民工市民化问题研究》一书，深刻解析了当代中国经济社会结构转型、人口转变及其与新生代农民工市民化的关系，并提出在我国"刘易斯拐点"出现、农村劳动力规模持续下降、老龄化不断加重、农民工流动出现新趋势新特点的背景下，新生代农民工市民化已成为我国现代化进程中最为急迫的重大问题之一，应分步实施，有序推进。《区域产业转移技术创新溢出效应研究》一书，在考察区域产业转移对承接地的技术创新溢出效应作用机理基础上，从地区和行业层面，分别就西部和甘肃区域产业转移的技术创新溢出效应进行了实证研究，并提出了提升区域产业转移技术溢出效应的相关政策建议。

农村地区的发展不可能一蹴而就，西部农村地区的发展更是任重而道远。正因如此，我们需要学术界的同人们对西部农村发展问题投入更多的关注。我也坚信，唯有扎根西部、全情关注西部农村发展的人，才能够更深刻地感受到西部农民的质朴与坚韧，才能够更深入地挖掘出西部农村发展中的问题及可能的出路。张永丽教授及其团队正是这样一群人，他们经过长期的观察与思考，就西部产业与农村发展问题发出了自己的声音，希望能对西部发展贡献自己的一份力量。

　　我们需要更多这样的学者，需要更多这样的作品，我也希望，将来有更多的人将目光投向西部农村，到西部来建功立业。

　　谨为序。

2015 年 3 月 28 日

目　录

第一章

中国人口转变、结构转型与刘易斯转折点*

一　中国人口转变

（一）人口转变理论

1. 人口转变阶段及主要特征

人口转变理论（Demography Transition Theory）是描述人口变化波动起伏、或疾或缓的发展过程的理论。最早由法国人口学家兰德里（A. Landry，1874—1956）在1909年提出。人口转变理论利用生育与死亡的状况以及相互对比关系，把人口发展分为若干阶段，形成理论模型加以解释论述，并试图对人口转变或变动的因素做总体的分析。人口转变理论自提出以来，得到了西方众多人口学家和经济学家的支持，并且不断发展和完善。欧洲工业革命之后，西方各国的人口状况逐渐发生转变，这种转变在20世纪初引起了西方人口学家的关注，他们开始结合当时社会变迁的大背景对欧洲社会人口变化发展的特征进行规律性总结。其中有美国社会学家、人口学家 W. S. 汤普逊（W. S. Thompson）的三阶段模型，美国人口学家 F. W. 诺特斯坦（F. W. Notestein）的四阶段论，还有英国人口学家 C. P. 布莱克的五阶段模型。以上学者对人口转变的描述虽然很不相同，但他们对转变的起点（高出生率、高死亡率、低自然增长率）和终点（低出生率、低死亡率、低自然增长率）的分析却是一致的。

---

* 本章原文发表在《上海财经大学学报》2012年第6期。发表时有删节。

人口转变理论认为：人口发展从高出生、高死亡、低增长阶段，经过高出生、低死亡、高增长阶段，向低出生、低死亡、低增长阶段转变，是大多数国家的必经之路。特别是诺特斯坦（F. W. Notestein）把人口转变与工业化发展阶段结合起来，形成了经典的人口转变四阶段理论模型。[①]

前工业化阶段：社会生产力水平很低，人口死亡率很高，高的出生率为此阶段维持低增长率人口再生产的自然条件。

初步工业化阶段：工业化的启动和科学技术的进步，使得此阶段死亡率开始下降，但上阶段高出生率的惯性力还在延续，两者差距拉大，因此人口增长率开始走高。

进一步工业化阶段：生产力水平和科学技术水平进一步提高，死亡率继续下降，此阶段，高出生率的惯性力逐渐释放完毕并开始呈现下降趋势，人口增长率达到最高水平。

完全工业化阶段：社会经济的发展和技术的进步带来的人力资本回报率的上升使得父母追求子女的品质提高来替代养育更多的子女。[②] 社会进步引发的家庭生育行为使此阶段出生率和死亡率都下降到很低的水平，人口增长率很低甚至出现负增长。

关于人口转变四阶段的基本特征见表1—1。

表1—1　　　　　　**人口转变模型的四个阶段及特征**　　　　　单位：‰

阶段	阶段名称	特征			
		出生率	死亡率	自然增长率	总和生育率
第一阶段	前工业化阶段	30—40	30—40	低	6.5以上
第二阶段	初步工业化阶段	30—40	40→10	高	4.5—6.5
第三阶段	进一步工业化阶段	40→10	10	高	2.5—4.5

①　田雪原：《中国人口政策60年》，社会科学文献出版社2009年版，第9页。
②　罗淳：《贝克尔关于家庭对孩子需求的理论》，《人口学刊》1991年第5期。

续表

阶段	阶段名称	特征			
		出生率	死亡率	自然增长率	总和生育率
第四阶段	完全工业化阶段	10	10	低	2.5 以下

資料来源：田雪原：《中国人口政策 60 年》，社会科学文献出版社 2009 年版，第 9 页；陈彦光：《中国人口转变、城市化和产业结构演变的对应关系研究》，《地理研究》2010 年第 12 期；陈姗姗：《西方人口转变理论的回顾与再思考》，《牡丹江大学学报》2011 年第 3 期总结得到。

2. 影响人口转变的主要因素

人口转变是社会进步的必然选择，社会生产力和科学技术都对人口转变有决定性的影响，人口发展过程与社会经济发展过程密切相关，人口转变以社会、经济条件的变化为前提，受到教育、宗教、婚姻、家庭、道德、习俗以及心理状态等多方面的影响。

人口转变理论更可谓经验性理论。根据许多发达国家的经验，人口转变通常要经历一些共同的阶段。第一阶段特征为高出生率、高死亡率，从而导致低自然增长率；第二阶段特征为高出生率、低死亡率，导致高自然增长率；第三阶段特征则是低出生率、低死亡率，导致低自然增长率。对于早期得到发展的欧美国家来说，人口转变是一个和经济社会发展同步、协调的过程，因此，通常经历了很长的时间。而对于发展中国家来说，人口转变受到诸多因素的影响，与早期的变化轨迹相比，发生了一系列的偏离。

人口转变的第一个阶段是与生活质量和社会发展水平十分低下相联系的，在死亡率很高的情况下，人口只有靠高出生率才能维持自身的再生产。早期发达国家和后来的发展中国家，在这个阶段上没有产生显著的不同之处。

人口转变的第二个阶段是与生活水平初步得到提高、卫生条件改善相联系的。但是，医疗、卫生条件的改善，在早期的过程中是作为经济发展的一个内生结果，而在后来的发展中国家却可以是从外部输入的。在后一个场合，当输入的医疗技术和卫生条件导致死亡率下降后，生育率下降的反应要滞后很多，从而造成了这个阶段的长期存在，不能及时过渡到人口转变的第三个阶段上，以致人口增长率长期处于较高的状态。

尽管人口转变在发达国家与发展中国家之间存在上述不同，但是，导致人口转变发生的基本因素却是相同的。因此，撇开人口转变延续时间的长短，发达国家和发展中国家的人口转变从过程来说有着诸多的共同之处，即人口转变直接依赖于人们的生育决策和生育行为。而人们的生育决策及行为主要受制于当时社会经济的发展水平、生育制度，以及事关生育的技术条件等。

首先，一国经济发展水平是制约人们生育决策最重要的变量。这个变量与生育孩子的直接成本有关。跨越经济学和社会学研究界限的贝克尔（Backer，1960），率先用经济学理论分析生育决策和生育行为。他认为，子女通常被父母看作是一种特殊的消费品，而生育行为则被看作是消费者对子女需求的反应。既然生育、抚养和教育子女像所有的消费行为一样，需要支出物质成本，因此，家庭的财务预算始终会构成父母对孩子需求的硬约束，即家庭对孩子的负担能力，是制约人们生育决策的重要变量。

其次，社会发展水平。生育、抚养和教育子女的另一种成本是机会成本。一方面，父母把养育子女作为一种消费，其需求与孩子带来的效用大小呈正相关关系。另一方面，用于养育孩子的时间、金钱和精力、感情的支出，还有其他的用途，构成生育的机会成本。社会发展水平高低，影响人们的受教育机会和教育水平，也影响社会劳动参与率。这些因素，特别是妇女的受教育水平和就业水平，既影响孩子对父母的相对效应，也影响家庭生育孩子的机会成本，因而是制约人们生育决策的重要变量。此外，与养老相关的社会保障机制是否健全和水平的高低，决定了人们在多大程度上需要孩子作为未来养老的保障，从而决定孩子的效用大小。

再次，国家政策和社会规范对生育行为产生着重要影响。政府政策和社会道德规范，在上述影响决策的因素之外，增加了一种导向和外加的刺激。也就是说，这些因素可以通过改变家庭对孩子的抚养能力、养育孩子的直接成本和机会成本，以及孩子的效用等变量，而影响生育观念和生育决策。因此，这些因素虽然不是根本性的决策因素，有时却有足够大的强度，引导和规范人们的生育行为。人们常常用文化因素来解释一个社会的生育行为和人口结果，但是，需要认识到的是，文化作为一种社会规范或非正式制度安排，是通过增强或减弱其他更为直接的变量的强度，来对生育行为产生作用的。

最后，人们的生育决策与妇女的生殖健康、儿童的健康医疗保障及避孕技术等相关的物质条件直接相关。正如前面所说，在人口转变的第一个阶段上，正是因为孩子的存活得不到保障，才形成以高出生率来弥补高死亡率所造成的生命损失这样的人口类型。而在人口转变的第二阶段上，出生率未能随死亡率的降低而下降，也与缺乏方便、安全和低成本的避孕手段有关。可见，人们受到社会经济发展和政策引导等因素影响所形成的生育意愿，能否被转化成为最终的生育决策和行为，归根结底取决于妇女、儿童的健康是否得到有效的保障，以及育龄人群能否获得方便、安全和经济的避孕手段。因此，这个因素是从生育意愿到生育行为转变的物质条件。

（二）中国人口转变

1. 人口增长变动阶段及特征

中国历史上就是一个人口大国，关于这一问题一直受到历史学、人口学的高度关注。中国在唐宋时期人口超过 1 亿，在 1900 年中国人口达到 4 亿，而在新中国成立后 1950 年达到 5.8 亿。学者们将历史上人口较快增长的原因归根于中国的遗产制度、中国的小农为本的治国方略、中国的低水平均衡陷阱（Richard R. Nelson，1957）等。总之，中国历史、文化、经济等综合性原因导致了中国长期以来保持较高的人口自然增长率，这一问题一直持续到中国工业化序幕的拉开与推进。进入 21 世纪以来，中国的人口增长开始呈现出低出生率、低死亡率、低自然增长率的特征。从总体趋势看，中国人口转变的基本趋势和国际社会一致的同时，存在着很大的特殊性，这种特殊性和中国的工业化进程密切相关。

新中国成立初期，中国在赶超压力下确立了重工业优先发展的战略。这一战略是在国内资本极度短缺、劳动力资源相对富裕、人均收入水平很低的背景下确立的。这种背离世界发达国家工业化演变规律的特殊经历，以及依次确立的计划经济体制，影响了中国人口的演变。下面就新中国成立后我国人口演变趋势进行简要分析。

从图1—1可以看出，新中国成立后60年的时间里，我国的人口变化总体呈现出由高出生率、高死亡率向低出生率、低死亡率的明显转变，波动幅度由大起大落逐渐向平稳过渡转变。从人口变化的主要推动力来看，经历了四个阶段和一个特殊时期，基本实现了从高出生率、高死亡率和低自然增长率向低出生率、低死亡率和低自然增长率的转变。

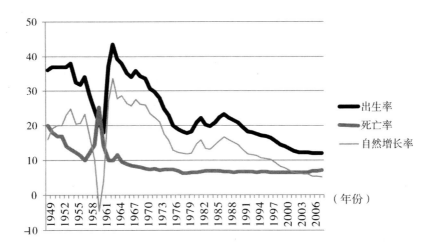

图1—1   1949—2006年中国人口出生率、死亡率、自然增长率变化趋势（单位:‰）
资料来源：国家统计局：《中国统计年鉴》（历年）。

第一阶段：1949—1957年的人口转变阶段，即由高出生、高死亡、低增长向高出生、低死亡、高增长的转变阶段。这一时期主要是死亡率大幅度下降拉动的高自然增长，总死亡率由1949年的20‰降低到1957年的10.8‰，婴儿死亡率由1949年的195‰下降到1957年的61‰，青少年人口死亡率普遍大幅度降低；而这一时期出生率还保持着很高的水平，1949—1957年期间基本保持在

35‰以上，妇女总和生育率保持在 6 左右；年出生人口在 1700 万—2200 万之间。1949—1957 年，出生率的稳定上升，死亡率的大幅度降低，二者在水平上的较大差异形成了中国人口的自然增长率迅速上升，并成为新中国成立以来第一次人口出生和增长高峰阶段。

特殊时期：1958—1962 年上半年的人口低增长时期。这是一个特殊的阶段，三年灾害的困难时期人口出生率下降、死亡率上升，1960 年甚至出现了人口的负增长。三年半间人口的年平均出生率下降到 23.2‰，死亡率却上升到 16.6‰，从而导致自然增长率仅仅维持在 4.6‰的低水平。这一时期出生的人口在 1400 万—1600 万，相比 50 年代出生高峰期每个年龄段要少 600 万—800 万。

第二阶段：1962—1972 年是以生育率升高拉动的第二次高增长阶段。在这 11 年间年平均的人口出生率高达 32.7‰，死亡率下降到 8.8‰，自然增长率为 23.9‰。1963 年出生率更是高达 43‰，其他年份也在 37‰以上，人口出生规模 1963 年高达 3000 万左右，其后两年也高达 2700 万左右，1966—1971 年期间人口年平均出生规模高达 2650 万。这一时期，我国人口的死亡率进一步下降，婴儿死亡率降低到 51‰。人口的预期寿命得到延长，达到 64 岁。形成了我国历史上的第二次人口出生高峰和增长高峰。

第三阶段：1972—1991 年期间，该时期是生育率快速下降并进入调整的阶段。自 20 世纪 70 年代初，国家大力控制了人口的增长，切实加强了计划生育工作和政策的执行并取得显著的成绩。1973—1979 年妇女总和生育率大幅度下降，由 1971 年的 5.44 迅速下降到 1978 年的 2.72，出生率由 1971 年的 30.65‰，迅速下降到 1978 年的 19.28‰。尽管这一时期正处于第一次出生高峰人口进入婚育旺盛期，但是出生人口规模却由 1971 年的 2500 多万减少到 1978 年的 1727 万；进入 20 世纪 80 年代，正赶上第二次出生高峰人口进入婚育年龄，80 年代的妇女生育水平并没有继续降低，只是在 2.3—2.8 之间波动调整。也正是因为第二次出生高峰人口的影响和生育水平居高不下，80 年代出生人口平均达到 2200 万，特别是 80 年代中后期出生人口更是达到 2400 万。尽管如此，我国人口年出生率也下降到了 19.74‰，死亡率下降到 6.68‰，自然增长率下降到 13.06‰，可以看作是由高出生、低死亡、高增长向低出生、低死亡、低增长的过渡阶段。

第四阶段：1992 年之后总和生育率快速下降到更替水平以下，从 20 世纪末开始生育水平一直稳定在 1.6—1.8 之间。出生率已经降低到 15‰ 以下，死亡率下降到 6‰，自然增长率下降到 10‰ 以内，表明我国的人口再生产类型已经跨入低出生、低死亡、低增长的阶段。出生人口已由 20 世纪 90 年代初的 2000 万左右降至目前的 1600 万左右。

对照诺特斯坦的人口转变四阶段理论及其特征，依据新中国成立后我国的工业化进程，新中国成立后我国的人口转变的四个阶段及一个特殊时期的经历，在总体上概括为两大人口转变阶段：一是由死亡率变动主导的人口转变阶段（1949 年至 70 年代初），在此期间，死亡率率先下降，而出生率居高不下。至于 1959—1961 年这一特殊时期，由于各种天灾人祸造成了人口出生率骤然下降，死亡率急剧上升。总体来说，这一时期中国的人口转变正好符合诺特斯坦的人口转变第二阶段的特征。二是出生率变动主导的人口转变阶段（70 年代初至今）。在此阶段，死亡率已经降到了较低的水平并保持相对稳定的态势。同时，随着国家推行"计划生育政策"，出生率经过 70 年代的快速下降、80 年代的波动和 90 年代的缓慢下降，现在逐渐趋向平稳。结合表 1—1 和图 1—1，我们可以得出这样的结论：中国人口转变从 70 年代开始进入西方人口转变四阶段模型的第三阶段，现处于第三阶段末期。

纵观中国人口转变的历程，可以看出，经过将近 60 多年的工业化进程和将近 40 年的人口控制政策，中国的人口演变在经历了高出生率、高死亡率、高自然增长率之后，开始大幅度回落，并且人口自然增长率逐渐开始向平稳过渡，近年来保持在 5‰ 左右，2009 年首次下降到 4.79‰。这是一个历史性的转变，这种转变的动力来自于两个方面：一是"计划生育政策"的强制实施；二是中国社会经济结构的演变对人口需求的变化，形成的人口自我控制机制逐渐开始发挥作用。可见，中国人口的演变是不同于西方国家的，具有非典型性特征。新中国成立后，中国重工业优先发展战略的实施和计划经济体制的全面确立，背离世界发达国家工业化演变规律的特殊道路，导致社会经济发展对人口需求的传导机制不畅，人口演变的自我控制机制缺乏。1973 年以来，中国强制性的人口政策控制政策实现了人口较低的自然增长率；80 年代以后随着我国工业化进程的进一步推进、社会经济结构的转换，人口自我控制机制开始发挥作用，社会和家庭在人口数量和质量之间的替代趋势明显，近年来对人口转换的影响作用逐渐显现。但由于各种力量的错综交织，对中国人口演变的非渐进性、非平稳性、结构性问题造成很大影响。

　　2. 人口结构变动及面临的主要问题

　　相比于世界主要发达国家的人口转变历程，我国人口转变所经历的时间更短。发达国家的总和生育率从五个子女下降到更替水平的两个左右用了约 75 年的时间，而我国从 20 世纪 70 年代初生育率开始下降到 90 年代初达到更替水平，仅用了 20 年左右的时间；人口期望寿命从 40 岁上升到 70 岁仅用了 50 年左右的时间，而发达国家则用了一个世纪。然而，我国的快速人口转变不仅意味着人口总量的迅速增长，人口内部的结构和分布变动更是不容忽视，主要表现为以下几方面。

　　首先，从人口年龄结构变动来看，伴随中国人口增长类型的转变，人口的年龄结构也随之发生了巨大转变。1949—1957 年为死亡率下降拉动的人口年轻化；1963—1972 年是生育率提高拉动的人口年轻化。自 1972 年开始全国范围执行计划生育政策，使得人口出生率和生育率大幅度下降，从而出生人口的规模得到控制并逐步降低。1972—1978 年期间人口年龄结构已经由年轻型向成年型转变。主要特点反映在三个方面：一是 0—14 岁少年人口比重迅速下降。从 1953 年的 36.3% 下降至 2010 年的 16.6%，间接表明我国有效地控制了出生人口数量，遏制了人口快速增长的势头。二是劳动年龄人口持续增加。从 1953 年的 56.2% 约 3.34 亿上升到 2010 年的 70.1% 约 9.40 亿，劳动力资源供给达到高峰。三是老年人口比重持续上升。若以 60 岁以上为老龄人口计算，人口老龄化水平从 1953 年的 7.6% 上升至 2010 年的 13.3%，从 1999 年已开始进入老龄化社会。

其次，从人口家庭及性别结构来看，家庭规模越来越小型化，人口出生性别比长期偏高。由于总人口中的老少比重正在发生逆转，传统的家庭功能逐步弱化，家庭趋于核心化和小型化，每户家庭平均仅有3.1人，空巢家庭、留守家庭、流动人口家庭、跨代家庭逐渐增多。同时，20世纪80年代以来，随着出生人口数量的迅速减少，我国出生性别比开始超出正常范围（103—107）且持续升高，2010年出生性别比是118.06，我国已经成为世界上高出生性别比持续时间最长的国家。

再次，从人口城乡结构及地域分布来看，城乡人口流动及迁移规模越来越大，人口地域分布越来越密集于东部沿海地区。改革开放以来，随着经济体制和户籍制度的改革，我国进入城镇化增长的快速时期，从1982年城镇人口占总人口的1/5上升到目前一半的人口居住在城镇。1984年以国务院《关于农民进入集镇落户问题的通知》为标志，国家在一定程度上放松了对农村人口进入中小城镇的控制，并由此带来对整个人口流动控制的松动，随之流动人口在规模上迅速增长。多年来我国农村劳动力加速转移和经济快速发展促进了流动人口大量增加，目前总量达到2.21亿，较2000年又翻了一倍多。在人口地域分布上，表现出从东南沿海向西北内陆人口逐渐减少的态势，珠三角、长三角和环渤海地区是我国的三大人口聚集区。

上述人口结构的动态变化表明，中国在社会经济发展和人口政策双重控制下用30年的时间走完了发达国家一个世纪才完成的人口转变，成功实现了人口规模的控制，人口增量越来越小，人口的自我控制机制正在逐步形成并开始发挥作用。今后我国面临的人口问题更多的是人口存量及其内部素质、结构和分布问题。与此同时我国还经历着经济和社会的快速转型，这更加剧了我国人口问题的艰巨性和复杂性，其中最大的问题就在于这种特殊的人口转变引发的人口年龄结构断层，特别是老龄化问题、劳动力结构问题、城乡劳动力结构问题，成为今后相当时期内困扰中国社会经济发展的突出问题。

第一，中国的老龄化问题。据统计，我国在 2000 年已经基本进入老龄化阶段，现阶段中国老龄人口居世界首位。2000 年中国 65 岁及以上人口占总人口的比重为 7.0%，2010 年的全国人口普查结果显示，目前中国有 1.19 亿 65 岁及以上老人，约占全国总人口的 8.9%。[①] 根据联合国 2010 年估计和预测的数据，2020 年中国 65 岁及以上人口占总人口的比重为 13.6%，2030 年将提高到 18.7%，2040 年达 26.8%，2050 年则高达 30.8%。[②]

第二，中国的劳动力年龄结构问题。首先，如果说中国人口自然增长率先上升随后下降形成一个倒 U 字形曲线中间有着一定的波动的话，以大约一代人的时差，劳动年龄人口也呈现类似的变化轨迹。只有在 1998 年人口自然增长率降到 10 个百分点以下并趋于稳定，劳动力供给总量变化也趋于平稳。劳动年龄人口构成劳动力供给的主要来源，在 1973 年中国实行计划生育之前，经历过两次极高的人口出生率高峰，在这个时间段内出生的大批人口，经过一代人的时间长大成人，即便成为劳动年龄人口（16—64 岁），据此推算，在 20 世纪 70 年代到 90 年代末期，中国的劳动力供给增长率达到高峰。再经过一代人成长的时间，劳动力供给的惯性与代际传递的高峰将彻底释放完毕，据此推算，从 2005—2015 年之间（2005 年正好是中国开始出现"民工荒"的时间），中国劳动力总量将达到高峰，然后出现下降。这一点在图 1—2 中得到很好的反映。从图 1—2 可见，中国劳动年龄人口数量在 1990 年以前迅速增加，跨越 90 年代以后劳动年龄人口数量一直处于增长状态但增幅逐年降低，在 2017 年中国劳动年龄人口数量达到最高峰 100005 万人，以后首次出现负增长，到 2020 年降至 99652 万人。[③] 我国学术界也普遍认为，中国经济在改革开放后保持了 30 年的高速增长，中国的

---

①　《中国统计年鉴（2011）》。

②　蔡昉：《未富先老与中国经济增长的可持续性》，《国际经济评论》2012 年第 1 期。

③　田雪原：《21 世纪中国人口发展战略研究》，社会科学文献出版社 2007 年版，第 451 页。

人口红利功不可没。①

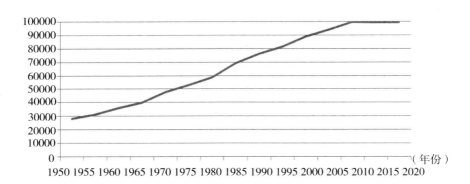

图1—2　中国劳动年龄人口数的演变及趋势（单位：万人）

资料来源：1949—2010年数据来源于国家统计局《中国统计年鉴（2011）》②；2012—2020年数据来源于田雪原《21世纪中国人口发展战略研究》，社会科学文献出版社2007年版，第451页。

　　其次，在中国的劳动力人口增长率开始下降的同时，劳动力的年龄结构也随之发生了重大变化。这里通过年龄移算法对我国未来劳动年龄人口内部结构进行估算③，估算结果并不乐观。一般从年龄结构上来看，16—44岁是劳动力从业的黄金时段，45—54岁属于中老年劳动者时期，55—64岁属于老龄劳动者，这三个层次构成一个典型的金字塔状。但通过估算笔者发现（见图1—3），从2013年到2020年金字塔的底部逐年缩小，取而代之的是其顶部逐年扩大，即16—44岁组的比重逐年下降，55—64岁组的比重处于上升趋势，即中国的人口整体上趋于老龄化，劳动年龄人口内部结构也呈现老

---

① 蔡昉：《中国的人口红利还能持续多久》，《经济学动态》2011年第6期。

② 1985年之前劳动年龄人口数据根据三大产业从业人员数除以1985年前平均劳动参与率0.72求得。

③ 熊健益：《我国2020年以前劳动力供求状况研究》，《统计教育》2008年第6期。（2020年16岁的人口数 = 2010年6岁的人口数×2010年16岁的存活率，2020年的劳动年龄在16—44岁之间的人口数采用公式：$P_{2020\text{年}} = \sum_{i=6}^{34} P_i \prod_{j=i+1}^{i+10} (1-pd_j)$。其中：$P_i$为第$i$岁人口数；$pd_j$为第$j$岁人口自然死亡率。）

龄化的趋势，中国劳动力的供给形势不容乐观。

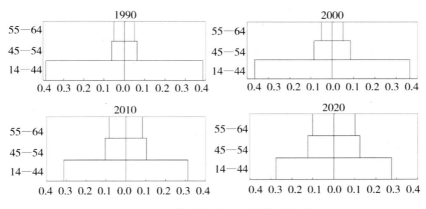

图1—3　劳动年龄人口结构金字塔

资料来源：1900年、2000年、2010年数据来源于《中国统计年鉴（2011）》，2020年数据用年龄移算法估计所得。

　　最后，中国劳动力城乡结构的变化。改革开放前，中国城乡分割的二元体制严格限制了人口转移，中国的人口城市化也一直徘徊在17%左右。改革开放以来，随着传统计划经济体制向社会主义市场经济体制转轨的逐步深化，劳动力资源计划配置体制逐渐被劳动力资源市场配置体制取代，我国农村劳动力逐渐向城市转移，中国城市化水平在2010年达到了51.3%。伴随着城市化进程的快速推进，中国农村人口、农村的劳动力数量和结构同时也在发生着重大变化。

　　中国农村人口自然增长率和全国人口自然增长率保持基本趋势一致的同时，绝对增长率略高于城市。但中国农村人口数量特别是农村劳动力数量和结构受到劳动力流动和城市化水平的极大影响。我国农村劳动力流动始于20世纪80年代，其特点也在发生着重大变化（见图1—4）。到目前为止，我国大概有2亿多农村劳动力处于流动状态，并且随着中国社会经济发展背景的变化，出生在80年代以后的中国新生代流动劳动者已构成一个庞大而全新的流动群体，总数已达1亿之多，占农村流动者的比例达到60%以上。调查显示，农村青壮年劳动力能够外出的基本已全部外出，农业劳动者的平均年龄为 48.45 岁，并且 75.24% 为女性。[①] 农村青壮年劳动力的外出流动，极大地加速了农村人口的老龄化和劳动力结构的老龄化、妇女化，使中国的老龄化问题在农村显得更加突出。

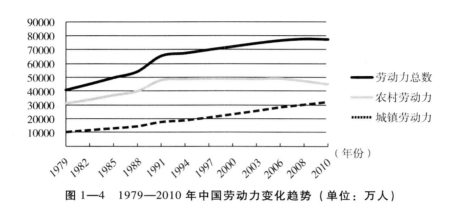

图1—4　1979—2010 年中国劳动力变化趋势（单位：万人）

　　总体来说，中国在社会经济发展和人口政策双重控制下用 30 年的时间走完了发达国家一个世纪才完成的人口转变，成功实现了人口规模的控制。但中国人口的非平稳性、非渐进性演变过程，又导致了人口年龄结构和劳动力年龄结构的断层，中国提前进入了老龄化阶段。但更值得关注的是，随着中国社会经济结构的转型，中国人口自我发展、自我控制机制正在形成，这种人口演变动力将进一步促进社会经济结构的转型，并对推进中国人口结构的平稳演变和健康发展产生重大影响。

二　结构转型、人口转变与刘易斯转折点

（一）改革开放以来中国经济社会结构演进

1. 经济发展及经济结构演变

新中国成立初期，国家在赶超压力下确立了重工业优先发展战

---

　　① 　张永丽：《农户劳动力资源配置及其对农业发展的影响》，《农业技术经济》2009 年第 2 期。

略，而这一战略的确立遇到了国内资本极度短缺和劳动力过剩的挑战，计划经济体制成为必然。计划经济体制时期，城市以资本密集型的重工业为主，排斥劳动力；农村非农产业基本不存在，大量的剩余劳动力只能滞留在土地上。1978 年中国进入改革开放时期，1992 年确立全面建立社会主义市场经济体制的目标。中国的经济体制改革经历了一个复杂而渐进的过程，随着经济体制改革的不断深入，中国市场化进程不断推进，市场机制日益发挥重大作用，市场体系逐渐建立起来，其中产品市场、劳动力市场、资本市场等发展快速而迅猛，大力推动着中国的工业化进程，推动着中国的经济结构全面转型和发展，突出地体现在以下方面。

第一，经济总量迅速扩张。中国的改革开放首先带来的是中国经济的高速增长与经济规模的迅速扩张。改革开放 30 年，我国国内生产总值由 2165 亿美元增长到 33326 亿美元，年均增长率 9.7%，远远高于同时期世界经济平均 3%左右的增长速度，经济总量跃升至世界第四，被称为经济增长的奇迹。作为当今全球经济总量第二大的经济体，2010 年中国工业增加值总量为 18.8 万亿元人民币，约合 2.78 万亿美元，占据全球工业总量的最高份额，成为真正的"世界工厂"。

第二，经济结构不断优化。改革开放后，在市场经济的引导下，中国的产业结构不断提升，第一产业在三次产业结构中的比重持续下降，第二产业产值稳中有增，第三产业增加值不断提高，2010 年三次产业结构比值为 10.1：46.8：43.1，产业结构正在向着合理化的方向演进。

以下，笔者对中国经济结构演变和经济发展阶段做进一步分析。三大产业产值比重是反映一国经济发展水平的最重要指标。反映三大产业产值与就业关系长期推移规律的是所谓配第—克拉克法则。该法则揭示，随着经济的发展和人均国民收入水平的提高，第一产业国民收入和劳动力的相对比重逐渐下降；第二产业国民收入和劳动力的相对比重上升，经济进一步发展；第三产业国民收入和劳动力的相对比重也开始上升。根据配第—克拉克法则，产业结构的演变大体上可以划分为四个阶段：第一阶段，农业化阶段：第一

产业比重大于第二、第三产业比重，第二产业比重有上升趋势；第
二阶段，前工业化阶段：第一产业比重开始下降，第二产业比重由
缓慢到快速上升，第三产业比重缓慢上升；第三阶段，后工业化阶
段：第一产业比重缓慢下降，第二产业比重上升到最高点开始下
降，第三产业比重快速上升；第四阶段，信息化阶段：第一产业基
本稳定，第二产业缓慢下降并趋于稳定，第三产业逐步进入饱和阶
段，如图1—5所示。

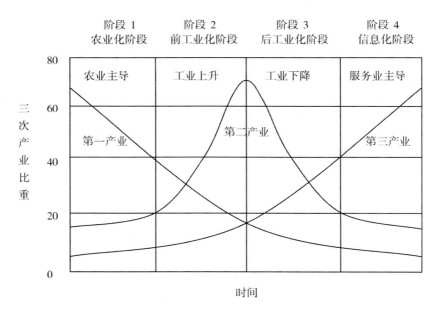

图1—5   产业发展阶段划分（单位：%）

改革开放以来，中国经济得以长期快速发展，在经济总量不断
提升的同时，三次产业结构也发生了明显的变化。1978年以来，我
国非农产业产值在总产值中的比例逐年上升，从1978年的71.9%
上升到2009年的89.7%；相反，第一产业产值比重逐年下降，第
二产业产值比重基本维持在40%—50%的水平，第三产业产值在改
革开放30多年里上升了18.6%。由此可见，改革开放以来，我国
的第一、第二、第三产业的比例逐渐调整，产业结构正在向着合理

的方向演进。图 1—6 所示为 1978—2009 年中国三次产业和非农产业的结构组成及其变化趋势。

结合图 1—6 对比分析，尽管中国的经济发展经历了由特殊的计划经济时代向市场经济的调整，经济结构的演变并不同于市场经济体制长期演变形态，但整体向好的趋势已经形成。结合当前三次产业结构比例的实际情况，可以初步断定，当前中国的工业化进程，应处于前工业社会的中后期阶段。

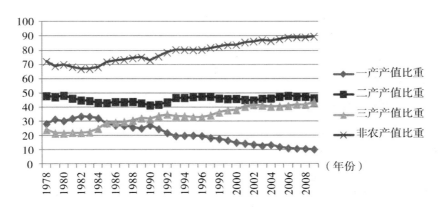

图 1—6　中国产业结构变化（1978—2009）（单位：%）

资料来源：《中国统计年鉴（2010）》。

进一步，笔者以钱纳里模型考察这一进程。钱纳里等人借助多国模型回归出"标准的工业化结构转化模式"，依据 GDP 将整个经济增长和结构转换分为三个大的阶段，其中包括六个时期，见表 1—2。

1978—1985 年，是我国经济结构调整时期，主要是在放权让利和市场引导下，以乡镇企业为主的非农产业特别是消费品工业大幅增长，对我国畸形的经济结构进行了矫正。以人均 GDP 来看，类似于钱纳里标准的初级产品生产阶段。

1986—1993 年，是我国工业化的快速发展时期。1986 年我国的人均 GDP 为 1288.47 美元，按照钱纳里标准核算已经开始进入工业化初级阶段。随后的七年间，我国的人均收入水平逐年递增。

1994—2002 年，我国重工业再次快速发展，人均 GDP 达到

3473.47 美元，按钱纳里标准估算我国进入工业化中级阶段。

2003 年至今，我国制造业发展迅速，2010 年霍夫曼系数达到 0.40，2003 年人均 GDP 为 5016.70 美元。按照钱纳里标准核算，我国开始全面进入工业化的高级阶段，即工业化中后期阶段。

表 1—2　　　　　　改革开放以来中国工业化阶段的演进

经济发展阶段		钱纳里标准 （PGDP，2000 年美元）	中国工业化水平 （PGDP，2000 年美元）
初级产品生产阶段		550—1240	684.45—1202.01 （1978—1985 年）
工业化阶段	初级阶段	1240—2480	1288.47—2225.61 （1986—1993 年）
	中级阶段	2480—4960	2488.87—4589.13 （1994—2002 年）
	高级阶段	4960—9300	5016.70— （2003 年至今）
发达经济阶段	初级阶段	9300—17200	
	高级阶段	17200—25900	

资料来源：世界银行：《世界主要 40 国 45 年来主要经济数据》；牛文涛：《中国工业化阶段演进分析——基于 PGDP 指标》，《中国商界》2008 年第 9 期。

由以上分析可见，随着改革开放和经济结构的不断提升，中国的工业化进程逐渐与国际接轨。无论是基于产业阶段划分理论，还是基于钱纳里标准的人均收入水平的分析，中国目前处于工业化的高级阶段（工业化中后期阶段）。考虑到中国产业结构内部优化的空间还很大，就业结构有待进一步提高，以及较大的地区差别，可以判断东部发达地区已经进入工业化高级阶段，广大的中西部地区还处于工业化的中期过渡阶段。

2．农村劳动力转移及城乡社会结构演变

改革开放以来，随着工业化进程的推进及产业结构的高度化，中国的社会结构也发生了巨大变化。这一结构主要反映在随着工业化发展进程而出现的农村劳动力向非农产业的大规模转移和随产业结构变化而变化的劳动力就业结构的变化，以及因城乡人口结构变化而呈现的快速城市化。

第一，工业化进程中的农村劳动力转移。

长期以来，中国也存在着落后的农业部门和相对发达的工业部门，符合刘易斯模型中描述的二元社会结构的特征。高工资水平的工业部门不断吸引劳动力从生产率相对低的农业部门向工业部门转移，因此，中国劳动力的城乡转移直接促进了二元社会结构的演进。下面笔者分析一下改革开放以来我国劳动力城乡转移的阶段性特征。

我国农村劳动力转移大致可划分为以下三个阶段。

第一阶段（1978—1983年）：农村劳动力流动初始阶段。这一阶段由于受传统计划经济思维及体制惯性影响，加之国内食品供给并不十分充足及大量知青返城等现实条件约束，各级政府对农村劳动力流动采取了严格控制政策。在这一背景下，这一时期农村劳动力流入到城镇的规模变化并不大，大量从土地上释放出来的剩余劳动力主要向农村非农产业转移，乡镇企业成为吸纳农村剩余劳动力的主体。资料显示，至1978年时农村劳动力转移累计总量为3298万人，转移到城镇的累计仅为148万人，仅占累计总量的4.49%；到1983年时，转移累计总量为4912万人，转移到城镇的累计为572万人，转移到城镇的人口仅占转移人口总量的11.65%。五年净转移1614万人，其中转移到城镇的人口424万人，占净转移人口的26%，即意味着有74%的转移劳动力是在农村非农产业就业。[①]因此，这一阶段劳动力流动的典型特征是"离土不离乡"。

第二阶段（1984—1999年）：农村劳动力流动曲折阶段。从1984年开始，由于国家准许农民自筹资金、自理口粮，进入城镇务工经商，同时80年代中期的城市改革及不断扩大的城乡差距、区域差距为农村劳动力跨区域流动提供了条件和动力。这一时期"进

---

① 牛若峰：《发展模式、技术进步与农村劳动力转移》，《海峡两岸农业科技与农业发展研讨会论文集》，1995年。

厂又进城、离土又离乡"的农民工大量出现，每年以上百万的规模向城市流动，转移到城镇的劳动力比重从 1984 年的 10.56％增长到 1989 年的 14.65％。其间，由于 1989 年政治风波的影响，政府采取严格控制农民外出务工，致使农村劳动力流动在 80 年代末期进入低迷时期。1992 年之后，随着国家改革开放及经济发展速度进一步加快，国家对农村剩余劳动力进城的政策逐步放宽，并提出实行宏观调控下的有序流动，特别是 1997 年的小城镇户籍管理制度改革，允许已经在小城镇就业、居住并符合一定条件的农村人口在小城镇办理城镇常住户口，以促进农村剩余劳动力就近、有序地向小城镇转移。其间，由于国有企业改革改制，城市下岗失业问题突出，一些城市制定了限制农民进城的政策，使得农村劳动力流动受到一定程度的阻碍。但总体来看，这一时期由于城市经济快速发展、城市建设规模迅速扩大，城市对劳动力需求增加迅猛，这些因素共同驱使农村劳动力流动进入到一个空前高涨的阶段。到 1999 年，农村非农产业就业人员 1.6 亿人，已占农村就业人口总数的 33％，相比 1989 年非农产业就业人口数增长了近 1 倍。总之，这一时期劳动力流动的主要特征表现为"离土又离乡"，而所谓的曲折性是指国家及地方政府政策对农村劳动力流动过度控制所造成的影响。

第三阶段（2000 年至今）：农村劳动力有序流动阶段。进入 21 世纪以来，国家关于农村劳动力流动就业的政策发生了积极变化，特别是自 2006 年以来，相继出台了多项旨在解决农民工问题的法律政策，农民工政策有了重要突破。主要表现在：一是取消农村劳动力进入城镇就业的不合理限制，统筹城乡就业，积极推进城乡劳动力市场一体化建设。二是积极推进就业、社会保障、户籍、教育、住房、小城镇建设等诸多方面的配套改革，推动农村劳动力有序转移。三是建立健全农民工社会保障制度，加快制定农民工养老保险办法，扩大工伤、医疗保险覆盖范围，保护农民工正当权益。四是农村劳动力转移的就业服务和培训工作不断推进，农民工公共卫生服务不断完善，农民工子女义务教育"两个为主"政策确立等等。

在这一系列政策背景下，农村劳动力流动和转移进入了一个全新的发展时期。2000年，我国农村劳动力资源总数为5.14亿，当年从事农业的人员数为3.28亿，从事非农产业的人数为1.52亿，其中外出务工的农民工人数为7849万人，占农村劳动力资源总数的比例分别为63.8%、29.5%和15.3%。到2005年，农村劳动力资源总数达到最大，为5.46亿，当年从事农业的人员数降至2.99亿，从事非农产业的人数上升为2.04亿，其中外出务工的农民工人数上升为1.26亿，占农村劳动力资源总数的比例分别为54.9%、37.4%和23%。至2008年，农村劳动力资源总数下降至5.05亿，从事非农产业的人数为2.73亿，其中外出务工的农民工人数上升为1.4亿，占农村劳动力资源总数的比例分别为54%、39.5%和27.8%。其中有两个特点值得注意：其一，农村劳动力供给总量从2005年之后呈下降趋势；其二，农民工已占农村劳动力总量的近1/3。[①] 并且，随着第二代农村劳动力成为流动主体，由于其在流动观念、流动动因、流动行为、生活预期、与农村与土地的关系等方面已与第一代流动劳动力发生了很大变化，这一变化将对未来中国社会经济发展产生重要影响，应予以特别重视。

第二，改革开放以来中国就业结构的变化。

改革开放以来随着工业化进程的推进及农村劳动力向非农产业的大规模转移，中国的就业结构随产业结构变化而发生了巨大变化。1978年，三次产业的就业结构是70.5：17.3：12.2，到2000年为50.0：22.5：27.5。其间，第一产业就业比重下降了20.5个百分点，第二产业就业比重增长了5.2个百分点，第三产业就业比重提升了15.3个百分点；到2010年时，第一、第二、第三产业就业比重为36.7：28.7：34.6，第一产业就业比重10年内下降了近13.3个百分点，第二、第三产业就业比重则分别提升了6.2个和7.1个百分点，城乡就业结构发生了较大变化（见图1—7）。

---

① 《我国农民工工作"十二五"发展规划纲要研究》课题组：《中国农民工问题总体趋势：观测"十二五"》，《改革》2010年第8期。

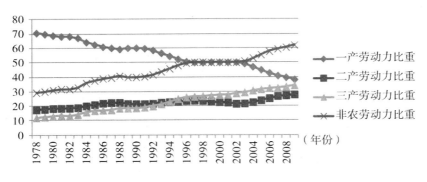

图1—7   中国就业结构变化（1978—2009）（单位：%）

资料来源：《中国统计年鉴（2010）》。

第三，改革开放以来中国城乡人口结构的变化。

随着非农产业的大力发展，特别是大量民营企业、中小企业的发展，吸纳了大量人口向城市、小城镇转移，中国的城乡人口结构发生了巨大变化（见图1—8），农村人口比重逐年下降，城镇人口比重呈上升趋势，城乡二元社会结构正在向着一元化方向演进，城市化水平也不断提升。1978年中国的城市化率仅为17.92%；2000年中国的城市化率为36.22%；2010年人口调查显示，中国的城市化率为51.3%，并且这种演变保持了稳定上升的态势。随着工业化、

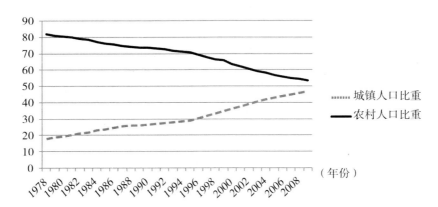

图1—8   中国城镇、农村人口占总人口比例变化（1978—2009）（单位：%）

资料来源：《中国人口和就业统计年鉴（2010）》。

城市化的推进，中国的城市功能与集聚能力大范围提升，城市面貌、城市基础设施、城市人居环境、城市发展理念也都在发生重大变化。

由以上分析可见，改革开放以来，随着国家工业化的快速推进，在经济总量迅速扩张、三次产业结构不断优化的同时，也引致了大规模的农村劳动力向非农产业及城市转移，导致了城乡就业结构的不断演变，推动着城乡二元社会结构向一元化方向演进，同时也提升了国家的城市化水平。

（二）体制转轨、结构转型与中国人口转换

计划经济体制是在赶超的压力下确立的，曾对中国的社会主义建设发挥了重大作用，但同时造成两个方面的重大影响。一是导致中国的社会经济结构严重失调，城市化水平一直徘徊在 17% 左右，农村人地关系高度紧张，资本对劳动的替代受到限制，农业发展受阻；城市工业增加值占国民生产总值的比重一直徘徊在 14% 左右，消费品工业极度缺乏。二是市场制度不存在，价格扭曲导致行为扭曲。条块分割的计划体制导致了社会各个系统相互制约、相互影响、相互协调的传导机制不畅，工业化进程中人口与资源、人口与社会经济发展的相互适应机制缺乏，人口、资源、环境等之间的压力与矛盾，通过计划调配被人为压制，政府感觉到压力，但由于价格机制扭曲，社会公众并不能很灵敏地感受到这种压力，并调整自身的行为。最终在人口过快增长的压力下，中国政府选择了计划生育政策，将过快增长的人口强制性控制下来。

随着中国市场化进程的不断推进，市场机制日益发挥着重大作用，产品市场、劳动力市场、资本市场等发展快速而迅猛，推动着中国的社会经济结构全面转型和发展，推动着中国人口、资源、环境、社会、经济之间协调机制的重建。首先是家庭联产承包责任制，农户家庭在获得生产决策自主权的同时，首先感受到人地关系的紧张与农村、农业资源的有限，并通过大量剩余劳动力流动与转移来缓解这种来自资源短缺的压力，并通过向非农产业、向城市转移获取更多可支配的资源。其次，市场化的影响还体现在确立了市场价格体制，并打破自给自足的局面，将所有家庭纳入整个社会经济体系之中，家庭的生产、消费、决策不仅取决于家庭的资源禀赋，更取决于外部社会市场与条件；家庭成为整个经济体系劳动、资本、土地等要素供给的主体，根据市场价格提高要素供给，并根据市场价格指导消费行为。

中国人口众多、人均资源有限，中国的工业化进程又是建立在资源密集型与劳动密集型产业基础上的，随着工业化进程的推进，中国的工业化进程受到了资源的严峻挑战，人口、资源、环境之间的矛盾不断加剧，人口规模与有限资源之间的矛盾通过市场释放出来；国际市场竞争激烈，产业结构升级与可持续发展压力越来越大，劳动力素质和技能不能满足社会需求的问题也逐渐暴露出来；在中国产业结构转型升级压力很大的背景下，"民工荒"问题的不断出现与蔓延也将中国人口结构问题和劳动力结构显现出来。这一系列的变化通过劳动力市场价格传递给每个家庭，影响家庭的生育决策与教育投资。此外，工业化带来的消费攀升和有限资源相对价格的不断上升，对家庭的生育决策产生重大影响，中国的人口自我控制机制正在形成之中，其主要推动力是经济增长和社会发展。

可见，体制转轨、结构转型与中国人口转换之间的逻辑关系在于，中国的体制改革打破了城乡分割的局面，促进了劳动力转移与流动，劳动力转移与流动反过来又促进了社会经济结构的转换，社会经济结构转换又促进了人口转换。

（三）结构转型、人口转换与中国的刘易斯转折点

1. 刘易斯转折点的到来

1954 年刘易斯在《劳动力无限供给条件下的经济发展》一文中，第一次建立了人口流动模型，提出了完整的二元经济发展理论。[①] 拉尼斯和费景汉扩展了刘易斯模型，将二元经济发展分为两个转折点三个发展阶段：第一阶段农村劳动力的边际生产率很低或几乎为零，劳动力对工业部门的供给为无限弹性。随着劳动力逐渐

---

① ［美］威廉·阿瑟·刘易斯：《二元经济论》，北京经济学院出版社 1989 年版。

转入工业部门和工业部门规模的不断扩大，农业劳动的边际生产率上升，经济发展进入第二个阶段，工业部门对劳动力的需求持续增长，边际生产率不为零的劳动力继续向工业部门转移。劳动力工资的持续升高把经济发展带入第三阶段，即两部门经济一体化发展的阶段。第一阶段向第二阶段转移产生了"刘易斯第一转折点"，即农村剩余劳动力从无限剩余转向有限剩余，劳动力工资开始提高；第二阶段向第三阶段转移产生了"刘易斯第二转折点"，即农业部门的劳动力被工业部门吸收殆尽，二元经济转化为一元经济，此时，两部门工资水平都由市场来决定，该点又被称为商业化点。

关于中国"民工荒"问题引起了社会各界的高度关注与讨论。蔡昉、王美艳、王德文等人（2005，2011）通过大量的社会调查，从中国农村劳动力数量和年龄结构的变化、工资增长与工资趋同情况、人口红利等多个方面、多个角度论证了刘易斯转折点的来临。一些学者则认定中国农村仍然有数以亿计的剩余劳动力（孙自铎，2008；赵显洲，2010），部分地区出现的"民工荒"现象仅仅是一种结构性短缺，是就业结构滞后于产业结构升级表现出的阶段性现象。

笔者认为，根据中国劳动力市场供求状况、劳动力年龄结构、社会经济结构转换特点，可以判断中国已靠近第一个刘易斯转折点。这一点的基本特征是：人均收入达到3000美元至4000美元的水平，劳动力供给减少、劳动工资上升、传统部分的条件有所改善、两部门的收入差距开始缩小，这些特点在中国经济运行中都已经出现。[①] 本书课题组分别在2007年、2008年、2010年组织西北师范大学"三农"问题研究社的成员和部分研究生在甘肃、宁夏、四川、陕西等地进行的三次社会调查中都发现，劳动力比较富裕的中西部地区，能够外出的青壮年劳动力已经全部外出，劳动短缺与工资上涨越来越明显，标志着中国经济发展进入新的更高的阶段（关于这一论点，本书第三章将进行详细论证）。但中国的刘易斯转

---

① 汪进、钟笑寒：《中国的刘易斯转折点是否来临——理论辨析与国际经验》，《社会科学》2011年第5期。

折点受到中国城乡二元体制结构、劳动力供求结构性、经济结构与产业结构惯性等问题的影响，这些结构性问题在某种程度上掩盖了刘易斯转折点的来临问题，这也是学术界对这一问题争论不止的原因之一。

2. 当前及未来中国结构转型与人口转变的主要矛盾

中国由第一个刘易斯转折点向前推进的过程中，最大的特点是各种结构性转换和结构性矛盾交织在一起。第一个结构性矛盾是10—20 年内的人口转换，即中国劳动供给增长率下降、劳动力总体规模在不久的将来将开始下降、老龄化的加速。虽然劳动力规模的减少减轻了中国的就业压力，无疑会对二元结构向一元结构的转换产生积极的影响，但这种人口结构的急剧变化对正处于结构转型期的中国社会与经济都是很大的挑战，比如劳动力供给结构不能适应需求结构的变化，人口老龄化带来养老问题、医疗卫生问题、社会保障压力等问题，中国的储蓄规模受到影响进而影响投资规模，人口红利的消失对增长的压力等。

第二个结构性转换是向工业化高级阶段迈进过程中，要素禀赋结构变化和产业结构升级的压力。中国传统的工业化模式是建立在劳动密集型、资源密集型产业基础上的，资源短缺、环境困扰和劳动力年龄结构急剧变化，都使得中国经济结构必须向资本和技术密集型转换，产业结构调整与技术水平提升是工业化向高级阶段迈进必需的条件。但现阶段中国的资本积累依然有限，自主创新能力不足，高技术水平人才缺乏，自然资源严重短缺，要素禀赋结构不能对产业提升产生很大的支撑，进而对推动二元结构转型产生较强的推动力。

第三个结构性矛盾是中国社会结构转型的压力。中国的城市化水平虽然有了很大程度的提高，城市的带动与辐射功能也不断提升。但一方面将中国的城市化与工业化水平相比较，2010 年二者的比值为 1.096[①]，远低于世界平均水平，也就是说城市化进程远远

---

① 2010 年中国城市化率为 51.3%，工业化率为 46.8%，城市化率/工业化率 = 51.3%/46.8% = 1.096。

低于工业化进程。① 同时受二元体制的影响，中国的大量农民工依然过着候鸟一般的流动生活，不能在城市稳定地定居下来，构成庞大的流动性社会群体。特别是作为中国庞大的产业大军主体的新生代农民工市民化问题，成为一项艰巨的任务，对城乡体制和政府管理体制提出了很大的挑战。

第四个结构性矛盾是中国的体制改革还处在不断深化过程中，社会经济转型的体制性障碍依然没有排除，但随着新的一系列结构性转换，对体制转换提出新的改革要求。特别是劳动力市场的一体化、资本市场的培育与完善等压力依然很大，城乡二元体制问题正在改革过程中。

三　结论及其启示

（一）基本结论

通过以上分析得到以下两点启示。

一是中国工业化、城市化进程的推进有效缓解了巨大的人口和劳动力增长的压力，将中国的发展阶段推向工业化高级阶段，中国的二元经济发展也进入第一个刘易斯转折点，即农村剩余劳动力从无限供给走向有限供给，中国的发展进入一个全新的阶段。中国改革开放取得的巨大成就，就在于在市场化、工业化、城市化的推进过程中，充分利用了全球市场，发挥了劳动力资源丰富的比较优势，承担了全球最大的人口增长和劳动力增长的压力，迎来了劳动力无限供给的结束，为推动中国要素禀赋结构变化和增长方式转变奠定了良好的基础。同时，随着社会经济结构的转型，人口自我控制机制逐渐形成，从而减轻了计划生育政策执行的巨大压力，为人口和劳动力的平稳发展、社会经济结构的进一步转型奠定了良好的基础。这些重大成就的取得根本在于以市场化为导向的一系列体制

---

① 栾瑾崇、栾永胜、于学花：《我国城市化滞后的原因及政策选择》，《经济师》2004年第10期。

改革的实施，改革是发展的动力，发展是解决一系列问题的根本出路，在发展中解决人口问题，在发展中推进社会经济结构转换，是中国的基本经验。

二是中国已经进入全面的社会经济结构转换时期，在这一时期结构转型、人口转换等结构性问题相互重叠、相互交织、相互影响。从人口结构、劳动力结构到产业结构、经济结构、城乡二元结构的全面转型，是一个全面的结构重构过程，更是一个巨大的挑战。如何在各种结构转换与结构重构之间形成良性循环机制，则是一个重大的发展战略问题，需要全面统筹，重点突破。这一战略制定的根本还在于始终坚持以改革促发展、在发展中解决问题的原则，重点解决人的发展问题、工业化推进问题和城乡二元结构问题。

（二）主要政策建议

针对以上启示，提出以下三点建议。

1. 进一步推进社会经济结构转换，形成稳定的人口自我发展与人口自我控制的微观基础

中国已经进入人口转换时期，这种人口结构的急剧变化对正处于结构转型期的中国社会与经济都是很大的挑战。面对挑战，只有继续深化改革，制定适合中国要素禀赋结构的一系列综合性政策，推进社会经济结构的转型，将解决人的发展问题放在首位。

首先，必须加强劳动力的技能培训和职业训练，特别是农民工的培训教育，提高劳动者技能，改善劳动力市场结构，建立统一的城乡一体化的劳动力市场，全面提升劳动生产率水平。

其次，必须加快推进教育制度、社会保障制度、住房制度等体制改革的进程，加快中国的城市化进程，解决新生代农民工的市民化问题，使大量农民工彻底而稳定地转换为产业工人，通过立法保障农民工在城市长期合法工作的权益，发挥劳动力在城乡联动中的桥梁和纽带作用。

最后，进一步深化城乡分割的二元体制改革，在户籍制度、收入分配制度、土地制度、财税制度等方面进行综合配套改革，并取

得重大突破，解决向一元结构转换中的城乡体制分割问题，解决农村人口的发展问题。通过社会经济结构转换，在发展中实现强化人口自我发展、自我控制的微观机制和微观基础。

2. 全面转换经济增长方式，提高工业化质量和水平

随着中国人口转换、要素禀赋结构变化和国际国内市场结构的变化，中国面临着产业结构升级的巨大压力，中国的经济增长方式必须转换到从主要依靠资本和劳动投入为主，到主要依靠全要素生产率的提高上来，将经济增长建立在创新和技术进步的基础上。这一转换将决定中国二元经济向一元经济转换的进程，是经济发展中最关键的问题。这种转换的动力依然来自于一系列的改革与创新。

第一，经济发展活力与解决民生的动力来源于大量的中小企业，产业升级与技术进步的动力也来自中小企业。目前中国中小企业的发展不足已经影响到中国制造业的升级换代，因此，必须通过投融资制度、财税制度、产业政策、市场结构、市场组织等一系列改革，推动中小企业的发展。

第二，进一步推进市场化改革。中国市场化改革还在推进过程中，目前市场化程度最高的是消费品市场，其次是中间品市场、金融市场，最后是生产资料和要素市场。这种市场结构严重影响着价格机制的调节和信号传递功能，影响着企业的市场行为与行为绩效。因此，逐步放开要素市场的价格，打开要素市场的市场准入，改革投融资体制，让更多的社会资本与民营资本参与到市场化程度不高的行业和领域，推动中国工业化进程向更高阶段迈进。

第三，通过市场机制形成价格机制，通过价格机制引导企业技术进步，挖掘中国劳动生产率与资本生产率的潜力，提高全要素生产率。

3. 统筹城乡发展，推进刘易斯转折点

统筹城乡发展是指统筹城乡经济社会系统中城市与农村、市民与农民、非农产业与农业这三者之间公平与效率的关系，构建公平高效、良性互动、和谐共进的城乡一体化社会。这是刘易斯转折点顺利向前推进的根本要求，也是中国社会经济发展的目标。统筹城乡发展的关键措施是实行以城带乡、以工促农、城乡互动、协调

发展。

第一，是全面推进市场化改革，发挥市场对资源配置的基础作用，推进农村要素和资源市场化进程，包括加快户籍制度改革，进一步推动劳动力流动与城市化进程；加快农村土地制度改革，促进土地流转，确保农户的土地权益；加快金融制度改革，强化金融推动农村经济发展的动力机制；改革和调整资源税，使资源税和资源开发权利向农村倾斜。

第二，必须强化农村公共产品供给，提高公共服务均等化，加强教育、医疗、卫生、社会保障、农业技术投资，加强农村基础设施建设，确实改善农村生产生活条件。这是二元经济向一元经济转换的必然要求。

第三，抓住农村和农业劳动力转移的契机，通过产业政策、财政政策与税收政策的支持，改变农业农村生产方式，提高农业的市场化、社会化、商业化、组织化水平；随着农村人口的转移与生产生活方式的改变，适当调整农村空间结构，促进农村人口和产业的聚集，加快小城镇与农村社区建设。

总之，中国已进入全面的结构转型期，所有结构性问题背后都隐藏着体制性问题。现阶段体制改革的最大特点是全局性、整体性和协同性，体制改革必须进入深层次、综合配套、全面推进时期。

第二章

农村人口、劳动力资源禀赋变动趋势[*]

一 引言

伴随城市化进程的快速推进和劳动力大范围流动，中国进入刘易斯转折点[①]，传统的二元结构被打破，农村人口、农村劳动力数量和结构发生了重大变化。这些变化不仅对农村的社会经济发展和结构转型产生了重大影响，而且成为中国社会经济结构转型的重大问题。农村人口、劳动力资源禀赋结构及其变动趋势，成为社会各界关注的焦点。

在农村，相比较劳动力流动问题，人口规模和结构问题并没有引起广泛关注。目前许多学者更多地注重农民工市民化问题和中国城市化的质量问题，而农村劳动力资源禀赋结构变化的研究也不断涌现。在农村劳动力资源禀赋结构变化的研究中，研究者更多地关注农村留守儿童和留守老人、农村剩余劳动力数量、农村人口受教育水平、农村人口结构变化等，也有部分研究对未来农村人口和劳动力数量等进行了预测，研究资料多借助于社会调查和人口普查数据，研究方法大多采用统计描述、计量模型等。蔡昉（2007）从农村剩余劳动力入手，通过直接观察农村现有劳动力的结构状况，指出农村剩余劳动力有 5800 万，剩余比例只有 11.7%；熊主武（2012）

---

    * 本章原文发表在《经济学动态》2013 年第 9 期。

    ① 蔡昉：《刘易斯转折点——中国经济发展新阶段》，社会科学文献出版社 2008 年版。

总结农村人口结构的特征，指出现阶段我国农村人口表现为常住人口总量和占比持续下降，农村人口结构主要表现为：年龄上老少多青壮年少、性别上女多男少、能力上素质低者多素质高者少；王涤、顾宝昌（2005）利用普查数据指出农村劳动力人数的绝对值呈下降趋势，并且指出农村劳动力的老化速度快于城市；还有很多学者从农村人力资本的角度出发，认为近年来农村人力资本有了很大的提高，农村从业劳动力受教育年限达到 8.2 年[①]，对未来的经济增长有很大的促进作用；也有调查指出：农村青壮年劳动力能够外出的基本已全部外出，农村农业劳动者的平均年龄为 48.45 岁，并且 75.24% 为女性，农村青壮年劳动力的外出流动，极大地加速了农村人口的老龄化和劳动力结构的老龄化、妇女化，使中国的老龄化问题在农村显得更加突出。[②] 总体来看，虽然近年来关于这一主题的研究取得了一些进展，但由于研究角度、研究方法和调查数据口径不同，以及研究对象的复杂性、动态性和观察时间、地点、范围等方面的差异，使研究结论有很大的不同，而且由于统计数据的欠缺，已有的研究较少有对农村人口结构的分析，很难对农村人口及劳动力资源禀赋及其结构做出深入的观察。

本章通过四次跨度七年的农村社会调查数据，对农村人口和劳动力资源禀赋进行总体描述的基础上，分析和揭示我国农村人口和劳动力资源禀赋的变动趋势，并就农村人口结构演变过程中存在的问题给出相应的政策建议。

二　数据来源

本章数据来源于西北师范大学"三农社"在 2006 年底 2007 年

---

① 蔡昉：《中国人口与劳动问题报告（2011）》，社会科学文献出版社 2011 年版。
② 张永丽：《农户劳动力资源配置及其对农业发展的影响》，《农业技术经济》2009 年第 2 期。

初①、2007 年底 2008 年初②、2009 年底 2010 年初、2012 年底 2013 年初对甘肃、宁夏、四川、陕西等地进行的四次农村社会调查，通过问卷访谈获取抽样调查数据。其中 2007 年有效问卷 871 份，涉及有外出劳动力的农户 729 户，没有外出劳动力的农户 142 户，总人口 4451 人，劳动力 2922 人；2008 年有效问卷 306 份，涉及总人口 1426 人，劳动力 910 人；2010 年有效问卷 697 份，涉及总人口 3293 人，劳动力 2046 人；2013 年有效问卷 603 份，涉及总人口 2667 人，劳动力 1653 人，具体见表 2—1。调查中，由于 2007 年的调查问卷与 2008 年、2010 年和 2013 年三年的问卷设计有所差别，因此有些内容只能使用 2008 年、2010 年和 2013 年的数据进行分析。

表 2—1　　　　　　　问卷访谈抽样数据情况

年度	总户数（户）	总人口（人）	总劳动力（人）
2007	871	4451	2922
2008	306	1426	910
2010	697	3293	2046
2013	603	2667	1653

三　农村人口和劳动力规模

（一）农村人口数量

中国农村人口一直以来占总人口的绝大多数，随着农村人口流动和城市化进程的加快，农村人口及占总人口的比重开始下降。国

---

① 张永丽、黄祖辉：《新一代流动劳动力的特征及流动趋势——来自甘肃省 10 个样本村的调查与分析》，《中国人口科学》2008 年第 2 期。
② 张永丽、王文娟：《农村劳动力流动与缓解贫困——基于甘肃省贫困地区的实证分析》，《人口与经济》2008 年第 5 期。

家统计局数据显示，1949 年全国人口为 5.4 亿，农村人口为 4.8
亿，占总人口的 88.89%。新中国成立后，随着经济的恢复、人民
生活水平的提高和医疗卫生条件的大幅度改善，死亡率不断下降。
但同时由于全面推行计划经济体制和城乡二元分割制度，社会对人
口需求的传导机制不畅，社会和家庭对人口的需求没有做出相应的
反应和调整，出生率在传统惯性的作用下居高不减。1978 年全国总
人口 9.6 亿，农村人口 7.9 亿。进入 80 年代，一方面，随着计划
生育政策的进一步实施、农村劳动力大规模转移和流动；另一方
面，随着社会经济结构转型与人口需求结构变化，以及抚养成本的
不断上升，农村人口自我控制机制逐渐形成，人口出生率大幅度下
降，但由于人口增长的惯性作用，1996 年农村人口才开始下降。
2011 年农村人口 6.56 亿，占总人口的比重首次低于 50%。[1] 总之，
经过 60 多年的工业化进程和近 40 年的人口控制政策，以及中国农
村劳动力的大规模流动，中国农村人口从高出生率、高死亡率、高
自然增长率向低出生率、低死亡率和低自然增长率转变，农村人口
的自然增长率不断下降，农村人口大幅度减少。[2]

本章四次社会调查的数据清晰地显示了中国农村人口的这种变
动态势。由于调查数据每年所选农户样本数不同，无法进行人口总
量的横向比较，但是调查数据显示户均人口呈现下降趋势，所以本
章选择一种替代方法进行农村人口总量的粗略估计：把 2008 年、
2010 年和 2013 年的调查样本户都扩充为和 2007 年一样的 871 户，
然后将每年相差的户数假定户均人口为 2007 年的 5.11 人，将扩充
后的人口加到实际调查的每年总人口中，计算出四年 871 户总人口
数量，得出的 2008 年、2010 年和 2013 年总人口明显大于实际每年
的总人口，即便如此笔者仍然得出：871 户农村人口总量随着时间
变化逐渐下降，这间接地论证了本章结论，即农村人口数量保持下
降趋势（见图 2—1）。

---

[1]　《中国统计年鉴（2011）》。
[2]　张永丽、景文超：《试论中国的人口转变、结构转型与刘易斯转折点》，《上海
财经大学学报》2012 年第 6 期。

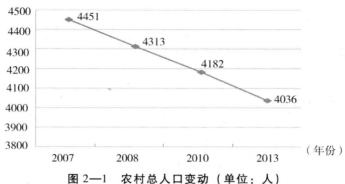

图 2—1　农村总人口变动（单位：人）

（二）农村劳动力规模

　　劳动力作为生产性人口，是社会财富的创造者，同时承担着抚养少年儿童和赡养老年人的义务。近年来，中国处于社会结构急剧变迁阶段，农村劳动力从农业向非农产业、从农村向城镇、从内陆向沿海地区大规模转移和流动，为中国工业化、城市化进程提供了强有力的劳动力资源支持，同时也使农村劳动力规模发生了巨大变化，并呈现出一些新的特点。相关研究利用 1996 年和 2006 年农业普查数据得出：农村劳动力显著减少，并且常住从业人口呈现老化的趋势。①

　　本章研究表明，农村劳动力在农村总人口的比重呈现逐年下降趋势。数据显示，农村劳动力比重从 2007 年的 65.65% 下降为 2013 年的 61.98%，并且农村人口总量表现为下降趋势，同时农村户均劳动力从 2007 年的 3.35 人下降为 2013 年的 2.74 人，说明目前农村劳动力总量有逐年下降趋势，这和许多研究结果一致。而且 2012 年全国劳动力数量开始出现下降，加之农村人口总量和劳动力比重逐年下降，可以预知在未来农村劳动力数量会继续下降。

（三）家庭规模

　　家庭作为社会细胞，是人类进行各种活动最基本的决策单位，

---

　　①　钟钰、蓝海涛：《中国农村劳动力的变动及剩余状况分析》，《中国人口科学》2009 年第 6 期。

也是对社会生活变化最敏感和最核心的利益共同体，是社会和国家存在的基础。在农村，家庭是一个小型的农业生产单位，它不只承担着物质生产的功能，而且还承担着人口再生产、对子女的抚养和教育、对老人的赡养以及在经济、生活上家庭成员之间相互协助的功能。但随着分工协作，工业化和城市化水平的提高以及人口结构的转变，家庭规模和结构的变迁尤为突出，家庭部分功能逐渐弱化。

现代西方"家庭转变理论"主要研究在现代化、工业化和城市化过程中出现的家庭在规模、结构上的长期变动，并指出受多种不同因素合力的影响，不同国家的家庭规模、结构会表现出不同的变化趋势，并因此形成家庭转变的主要特征：在家庭转变的初始阶段，家庭平均规模趋于扩大，大家庭数量有所增加；在家庭转变的后期阶段，家庭平均规模不断缩小，家庭结构趋于核心化。[①] 而且家庭规模变化影响着家庭结构和家庭功能的转变。陈云桥（2009）、胡湛和彭希哲（2012）等指出农村劳动力大量转移，中国农村家庭规模不断缩小，家庭结构逐渐简化，传统家庭的生产职能、赡养职能、家庭教育功能趋于弱化。

本章研究表明，农村家庭户均人口逐渐下降，家庭规模逐渐缩小，家庭结构不完整，家庭传统功能部分丧失。

首先，农村家庭规模逐渐缩小。图2—2表明农村户均人口有明显的下降趋势：2007年农村家庭户均人口为5.11人，随后逐渐缩小，到2013年达到户均人口4.42人。本章数据显示2010年户均人口4.72人，与2010年全国第六次人口普查户均人口3.1人相比，高出1.62人。在未来随着农村人口的进一步转移和社会经济转型，农村家庭规模会不断缩小，以核心家庭为主体，这与全国户均人口的整体变动趋势一致。

其次，家庭结构不完整，传统家庭功能部分弱化。随着家庭规模逐渐缩小，对家庭结构产生了很大影响，弱化了家庭主要功能。本章调查显示，在农村几乎80%以上家庭有外出劳动力，对有外出

---

① 　李竞能：《现代西方人口理论》，复旦大学出版社2004年版。

劳动力的家庭进行分析发现：外出劳动力中依然以男性为主，比例从 2008 年的 63% 上升为 2010 年的 67.06%，虽然女性外出比例有所上升，但也只占到 30% 左右。2010 年调查数据表明：在已婚家庭中，夫妻共同外出的比例为 40%，而 60% 的家庭只有男性外出，女性则留守在家中；在已婚外出家庭中，带孩子一起出去的只有 6.03%，大部分孩子留在农村，并且在外出家庭中由老人照顾孩子的比例为 31.93%。这些数据表明，随着农村劳动力的大量流动，农村家庭结构不完整，从而造成传统的家庭功能弱化，包括：夫妻失去感情交流平台，家庭代际间的情感关怀不够，家庭成员间的生活互助受到影响；家庭的教育功能部分丧失，家庭赡养功能弱化，农村养老面临危机，这不仅影响农村家庭成员的生存和发展，而且影响我国的经济和社会发展，并且给社会保障带来了严重的挑战。

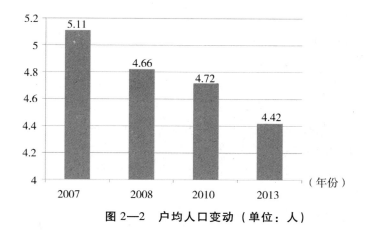

图 2—2　户均人口变动（单位：人）

四　农村人口结构变动趋势

人口自然结构既是人口再生产的必然结果，又是人口再生产的基础和起点，对人口发展规模和速度有重要的制约作用，进而对社会经济的发展有重要影响。同时，社会经济的发展也通过一系列中间环节对人口自然结构起制约作用。[①] 人口自然结构包括人口年龄结构和性别结构。人口年龄结构是指一定时点、一定地区各年龄组在全体人口中所占的比重，依据它可以确定人口再生产以及社会再生产的潜能和极限。人口性别结构是一定时点、一定地区男女两性在全体人口中的比重，反映了对两性人口数量平衡与否的重视程度，也是决定劳动分工的关键。

（一）农村人口年龄结构

本章农村人口年龄结构按照国际标准，把 0—14 岁人口称为少儿人口，15—64 岁人口称为劳动年龄人口，65 岁及以上人口称为老年人口。随着人口转变过程的持续进行以及人口再生产过程受到外在因素的强力干预，20 世纪 70 年代以后，中国人口年龄结构发生了显著变化，中国进入了劳动年龄人口所占比重高、老少被抚养人口所占比例低、人口负担系数小的人口红利期，充足的劳动力供给和较高的储蓄率对我国经济增长做出了巨大的贡献。大量研究表明，中国总抚养比每降低 1 个百分点，会导致经济增长速度提高 0.115 个百分点，人口因素对改革以来人均 GDP 的贡献率超过 25%。[②] 国家统计局数据显示：1982 年中国总人口抚养比为 62.6%，此后一直处于下降趋势，2010 年中国总人口抚养比达到最低点 34.2%，2011 年总人口抚养比为 34.4%，出现上升趋势。2013 年成为中国红利消失的标志性年份，劳动年龄人口停止增长。[③] 在农村随着劳动力的大规模转移和流动，农村人口年龄结构也发生了巨大变化，引起了社会各界的关注。

本章研究表明，农村人口年龄结构总体上表现为少儿人口比重和劳动年龄人口比重下降，老年人口比重上升，少儿人口抚养负担呈现逐年下降、老年人口抚养负担呈现逐年上升趋势，总人口抚养负担逐年增加（见图 2—3）。在农村，老龄化和劳动力内部老化严

---

① http://baike.baidu.com/view/522382.htm.

② 蔡昉：《未来的人口红利——中国经济增长源泉的开拓》，《中国人口科学》2009 年第 1 期。

③ 蔡昉：《人口红利与中国经济可持续增长》，《甘肃社会科学》2013 年第 1 期。

重，少子化现象值得重视，农村劳动力和少年儿童成为农村稀缺的人口资源，这种人口结构特征在一定程度上影响了经济发展的态势和产业政策的调整。

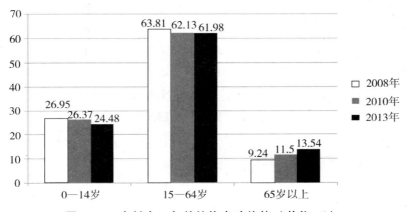

图2—3 农村人口年龄结构变动趋势（单位:%）

首先，农村0—14岁人口比例下降和少儿抚养比出现下降，"少子化"现象初现端倪。"少子化"一词源于日本，指出生人口数量减少，年轻人口特别是孩子占总人口的比重下降，孩子数量减少等几个方面。[①]"六普"公布的少儿人口比例极低，只有16.6%，表明我国人口的少子化程度十分严重，远超以往预期水平。[②] 本章调查结果显示，2008年农村0—14岁人口占总人口的比重为26.95%，2013年比重继续下降为24.48%，占总人口的比重和总数量都有所减少。0—14岁人口是未来劳动力人口、国防人力资源以及老年照料人力的供给基础，这一比重下滑必然导致人力供应减少，少子化现象将会对社会结构和经济模式产生重大影响。显然，在农村总和生育率低于1.8，保持在更替水平以下，农村少儿比重的下降和数量的减少，使农村少年儿童成为稀缺的人口资源，引起社会各界的高度重视。

① 施锦芳:《日本人口少子化问题研究》,《日本研究》2012年第1期。
② 郭志刚:《重新认识中国的人口形势》,《国际经济评论》2012年第1期。

其次，农村15—64岁人口比重低于全国水平，且表现为下降趋势，农村劳动力内部老化严重，并且劳动力出现断层，供给不稳定。国家统计局2011年数据显示：全国15—64岁人口比重从1982年以来一直持续上升，2010年达到一个峰值74.5%，2011年出现下降为74.4%；15—64岁年龄人口绝对数量从1982年以来一直处于上升趋势，2012年开始下降，达到9.37亿，即全国劳动年龄人口绝对数量已经停止增长。本章研究结果显示，2007年农村15—64岁人口比重为65.64%，2013年下降为61.98%，农村劳动力资源比较稀缺，同时农村劳动年龄人口抚养负担则持续上升。总之，农村劳动力不只是比重有所下降，而且随着农村总人口的减少，绝对数也在减少，这对我国的经济结构转型和产业结构调整乃至未来经济增长带来了新的挑战。

为了进一步分析农村劳动年龄人口内部结构的动态变化，本章对农村劳动年龄人口结构进行细分发现：在农村，劳动年龄人口比重已经下降，考虑15—19岁人口劳动参与率低以及扣除外出劳动力，在农村劳动力比重远低于全国水平；劳动年龄人口结构分布不均，有一定的断层，20—29岁和40—49岁两个年龄段人口明显高于其他年龄段，40—49岁人口占农村劳动年龄人口比重为32.22%。农村劳动力内部老化严重，农村未来20年将有近1/3的劳动力退出，而这不仅减少了农村劳动力人口，还增加了农村老年人口数量和比重，即在2030年左右农村老龄化水平将非常高，农村劳动力将成为稀缺资源。

最后，农村65岁及以上人口比重上升趋势明显，老龄化程度非常严重，老年人口负担逐年上升。本章研究表明，2008年65岁及以上人口比重为9.24%，但是在2013年这一比例迅速上升到13.54%，农村已经进入老龄化阶段的特征明显，并且越来越突出。国家统计局数据显示：中国从2000年开始进入老龄化社会，并且这一比例持续上升，2011年达到9.1%，可见，农村老龄化程度远高于全国水平。中国老龄化科学研究中心调查显示：当前农村老龄化程度要比城镇高1.24个百分点，我国农村人口老龄化问题要比城市严重得多，表现为农村老年人口多、老龄化速度快、老龄化程度严重、老年人收入低等特点，这和笔者的结论基本一致。同时，老年人口抚养比从 2008 年的 14.48% 上升为 2013 年的 21.84%，而且通过人口年龄分组，农村劳动力内部老化严重，会导致在未来 20 年农村老龄化速度加快，农村老龄化程度将非常严重，老年人口抚养负担将进一步加重。

　　总之，通过对农村人口年龄结构分析发现，在农村以下人口问题应该受到高度关注：第一，农村老龄化问题非常严重，这是目前各界普遍达成的共识；第二，农村少子化现象应该受到重视，少年儿童成为农村稀缺的人口资源；第三，农村劳动力数量会继续减少，并且劳动年龄人口结构分布不均，出现一定的断层，劳动力内部老化现象明显，劳动力供给不稳定，农村劳动力成为稀缺的资源。

（二）农村人口性别比

　　人口性别构成对人口理论研究非常重要，不同性别的人口拥有不同的社会功能，显示不同的社会状态，具有不同的社会需求。在中国人口性别比偏高是普遍的问题，一直以来备受社会各界的广泛关注。国家统计局数据显示：从 1982 年开始，男性人口比重一直高于女性人口，2011 年男性人口比重为 51.26%，人口性别比为 105.17，按人口统计学的定义，全国处于正常范围，即人口性别比基本平衡，而农村和城市性别比则有所差异。

　　本章研究表明，农村人口性别比失衡，但是剔除外出人口后农村女性人口多于男性人口，目前性别比失衡问题对农村影响不大。表 2—2 数据显示，2008 年农村总人口性别比为 107.7，2013 年这一比例上升为 109.6，男性人口明显多于女性人口；2008 年全国人口性别比为 106.18，2010 年为 105.2。和全国水平相比，农村人口性别比普遍高于全国水平，农村人口性别比失衡。剔除外出人口后，如表 2—3 所示，2010 年农村男性人口仅为 46.75%，2013 年为 47.01%，比例有所上升，但总体农村女性人口多于男性人口。这也从侧面反映出在外出人口中，以男性人口居多，而且农村的这种性别结构对于农村的生产生活和经济发展有一定影响。

表 2—2　　　　　　　　　**农村人口性别比变动**　　　　　　　单位:%

年份	男性比例	女性比例	总人口性别比
2008	51.86	48.14	107.7
2010	53.58	46.42	115.4
2013	52.3	47.7	109.6

表 2—3　　　　　　　　**剔除外出人口的农村人口性别比**　　　　　单位:%

年份	男性	女性
2010	46.75	53.25
2013	47.01	52.99

造成农村总人口性别比失衡的原因有:一是农村出生人口性别比较高,形成惯性效应;二是重男轻女思想和陈旧的生育观念在农村依然存在;三是劳动力市场对女性有严重的歧视,农村社会保障制度比较滞后,农民只能养儿防老,对男孩有很大的依赖性;四是计划生育政策的实施,以及医学的发展和 B 超的普及,人们可以进行性别选择、人工终止妊娠行为等。而剔除外出人口后女性人口占多数,主要是人口流动中以男性人口为主,女性比例不高,虽然农村人口性别比失衡存在一定的危害,但是随着城市化水平和质量的提高,以及各项社会保障制度的完善,农村性别比失衡会有所缓解,在未来不会造成太大的影响。

五　农村人力资本变动趋势

(一) 农村人口受教育水平

舒尔茨提出人力资本的概念并验证了人力资本对经济增长的促

进作用后，人口的受教育水平成为国家经济发展中延续人口红利期的有效措施。蔡昉等通过对改革开放后 20 年经济增长源泉进行分析表明：通过人口教育素质的提高，所带来的经济增长份额为24%，与劳动数量投入的贡献份额相当。在中国面临社会转型和经济结构转变的前提下，加大农村教育投资，提高农村劳动力素质和劳动生产率意义重大。一般情况下，研究学者用人口的平均受教育年限来衡量人力资本的积累。众多研究表明，随着农村劳动者受教育年限的增长，他们从事非农活动的可能性、劳动生产率也可提升，并且与其收入有着明显的正向关系。女性受教育程度也引起了很多人的关注。丁丽芳、王静（2012）研究表明，现实社会中女性对婚姻和家庭有着比男性更强烈的责任感，承担了更多的义务，在维系家庭的稳定及促进家庭的和睦幸福等方面显示出更重要的作用，因此女性受教育水平的提高对和谐家庭的建设意义重大。

本章研究表明，总体上农村人口平均受教育水平有所提高，并且上升趋势明显，尤其是高中及以上文化程度的人口比例增加明显，但不同性别受教育水平仍然存在差距，而且实际留在农村的人口受教育水平并不高，和全国受教育水平相比还有一定差距。

首先，农村人口平均受教育水平总体有上升趋势，人力资本存量增加，而且男性人口受教育水平明显高于女性人口受教育水平，但差距在逐渐缩小。表 2—4 数据显示，2008 年农村 16 岁及以上人口人均受教育年限为 6.35 年，2013 年上升为 6.93 年。农村不同性别人口的受教育水平存在差异，男性人口的受教育年限从 2008 的7.25 年提高到 2013 年的 7.78 年；女性人口受教育年限从 2008 年的 5.38 年提高到 2013 年的 6 年，但女性人口受教育年限增长速度快于男性人口。三年数据资料显示，男性人口的受教育年限均高于女性人口，但两者的差距在缩小，2008 年相差 1.87 年，2013 年相差 1.78 年，可以预测未来男女受教育年限的差距会逐年缩小。2011 年全国 16 岁以上人口受教育年限为 8.75 年，其中男性人口受教育年限为 9.09 年，女性人口受教育年限为 8.38 年，所以农村人口受教育水平虽有所提高，但和全国比还有一定差距。

表 2—4 农村 16 岁及以上人口受教育水平变动 单位：年

年份	人均受教育水平		
	合计	男性	女性
2008	6.35	7.25	5.38
2010	6.3	7.06	5.4
2013	6.93	7.78	6

其次，农村劳动力受教育程度明显提高，并且逐渐以初中和高中及以上文化程度人口为主。表 2—5 数据显示，农村劳动力受教育程度，小学文化程度人口比重从 2008 年的 33.99%下降为 2013 年的 22.79%，初中文化程度人口比重从 2008 年的 36.17%下降为 2013 年的 31.52%，高中及以上文化程度人口比重从 2008 年的 19.96%上升为 2013 年的 30.63%。总体来看，农村劳动力以初中和高中及以上文化程度为主，占到 60%以上，尤其是高中及以上文化程度人口增长迅速，说明近年来在农村接受高等教育的人越来越多，即农村整体受教育水平在未来将有很大提高。

表 2—5 农村劳动力受教育水平 单位:%、年

受教育程度　　　　　　年份	2008	2010	2013
文盲	9.88	14.07	15.06
小学	33.99	28.89	22.79
初中	36.17	34.89	31.52
高中及以上	19.96	22.15	30.63
农业劳动力受教育水平	3.76	3.91	4.24

再次，从事农业劳动的人口受教育水平虽有所提高，但整体较低。按照人口迁移的规律，一般受教育水平高、有竞争力的劳动力先转移。虽然近年来农村人口整体受教育水平有所提高，但由于外

出人口一般是受教育水平较高的人群，农村留下来从事农业生产的劳动力受教育水平较低。本章调查数据显示，2008 年农业劳动力的受教育年限为 3.76 年，2013 年提高到 4.24 年，虽然农业劳动力的受教育程度有提高，但和农村整体受教育水平相比还有一定差距。同时本章对外出和不外出劳动力进行比较发现，外出劳动力受教育年限明显高于不外出劳动力的受教育年限（见表 2—6），而且 1980 年以后出生的劳动力受教育年限明显高于其他劳动力受教育年限，但 1980 年以后出生的劳动力男性和女性受教育差距不大。这更印证了在农村转移的劳动力是受教育程度较高的人口，同时也说明 1980 年以后出生的人大多完成了九年义务教育，受教育程度较高。

表 2—6　　　　　　　　**外出劳动力、不外出劳动力比较**　　　　　　单位：年

分项	外出劳动力		不外出劳动力	
	总体情况	80 年代以后出生	总体情况	80 年代以后出生
受教育年限	7.39	8.82	4.17	5.78
男性	7.69	8.93	5.19	6.11
女性	6.78	8.62	3.56	5.7

最后，农村儿童随父母外出上学的比例非常低，有初中毕业后打工代替教育的现象存在，但是在 2013 年这种情况有所缓解。通过对 2010 年数据进行统计发现：2010 年 6—14 岁儿童 119 人全部上学，入学率达 100%，但是在有外出劳动力家庭中随父母外出上学的比例只有 6.03%，近 94% 的儿童依然留在农村上学。同时，本章调查数据显示，在 15—24 岁人口中，学生的比例从 2008 年的 63.64% 下降为 2010 年的 41.03%，2013 年出现上升趋势，成为 56.75%，而打工比例从 2008 年的 32.1% 上升到 2010 年的 47.01%，2013 年下降为 24.64%，15—24 岁人口打工和接受教育存在明显的替代关系。2010 年打工替代教育现象明显，但 2013 年这一现象有所缓解，更多的人选择接受教育代替打工。

通过分析发现，农村人口受教育水平有所提高，但是男性和女性的受教育水平有很大差异，而且和全国相比差距明显。从事农业劳动力的受教育程度不高，同时农村适龄儿童全部接受教育，对未来教育水平提高有极大的促进作用。小学及初中文化程度的人口比例出现了一定幅度的下降，而且初中毕业后打工代替教育的现象在2010年很明显，这可能和近年来出现的工资趋同现象有一定的关系，教育的相对回报率下降对接受教育有一种负的激励，"读书无用论"在农村广泛出现，但是2013年的数据说明这种打工替代教育的趋势在缩小。

（二）技能与培训

中国进入刘易斯转折点后，必然经历产业结构的挑战和技术结构的快速升级，而产业升级的核心是提高全要素生产率，最终演变为对劳动力素质的更高要求。技能和培训作为受教育水平的补充，对提高人力资本有很大的促进作用，尤其是接受正规教育受外界条件限制的情况下，技能和培训对劳动力素质和生产率的提高有非常关键的作用，与教育一起成为提高劳动力素质的重要措施。《中国人口与劳动问题报告（2011）》指出：在2011年新生代农民工中参加职业培训的比例为30.4%，而上一代农民工参加职业培训的比例为26.5%。说明在技术进步和产业升级过程中，技能和职业培训越来越多地成为劳动者提高人力资本的途径。

本章研究表明，接受技能培训的比例逐年上升，同时技能和培训对农村人口外出就业有促进作用。如表2—7所示，调查数据显示2008年农村人口接受培训者有20.63%，2010年接受培训的比例上升为30%，2013年接受培训的比例达到38.5%，农村接受技能和培训人口比例有明显上升趋势。2010年有技能的劳动力中76.65%的人选择外出打工，说明技能和培训能够促进劳动力流动和转移。总体来看，技能和培训与教育水平对劳动力流动有着相同的影响，即有技能的接受过培训的人更有竞争力，能够获得更好的就业机会，外出打工的可能性也更大。

表 2—7　　　　　　　　　**劳动力接受培训比例变化**　　　　　单位:%

年份 \ 分项	接受培训	未接受培训
2008	20.63	79.37
2010	30	70
2013	38.5	61.5

六　结论及政策建议

　　本章通过对连续四次跨度七年的农村社会调查数据的统计分析表明，农村人口及劳动力资源禀赋结构已呈现出诸多新趋势和新特点。

　　首先，从人口经济学意义来看，一是农村人口规模及劳动力占总人口的比重开始下降，这一趋势既意味着影响中国发展的巨大的人口压力将趋于缓和，长期以来高度紧张的人地关系将有所缓解，也为城乡关系的进一步改善和城乡一体化发展创造了条件；但另一方面，对正处于工业化中期阶段的中国而言，劳动力供给的下降，加之刘易斯转折点的来临，将对经济的持续发展产生重大影响，"人口红利消失"、"未富先老"、"中等收入陷阱"等一系列重大问题将使未来中国的发展因劳动力供给问题变得异常复杂，经济结构调整的压力进一步加大。二是农村劳动年龄人口内部老化严重，人口演变过程出现的非连续性、非渐进性以及年龄结构断层问题突出，年龄结构分布的不均匀，引起劳动力供给不稳定。特别是农村从事农业生产的劳动力老化严重，平均年龄已达 50 岁以上，且受教育水平低、女性人口比重高，这给农业生产带来严峻挑战，同时也会引发农村资本、劳动、土地等生产要素的重新配置与组合，给现代农业发展带来机遇，必须辅之以相应的政策支持。三是农村人口受教育水平整体有所提高，高中及以上文化程度的人口比例有所增加，但是和全国还有一定差距，农村人口的人力资源水平与国家产业结构升级、现代农业建设等战略要求差距依然较大。四是人口流动的"家庭生命周期"问题对中国的现代化进程产生很大影响，目前有 72.97%的农民工不愿意回到农村，意味着将有 1.16 亿农民工未来有可能留在城市，但目前他们仍然过着"两栖式"的生活，如何提高城市化质量，促进新生代农民工城市化，对中国一系列体制与制度改革提出了很高的要求。

其次，从人口社会学意义来看，一是农村人口家庭规模逐渐缩小，家庭结构趋于核心化，传统的家庭功能部分丧失，大家庭比重将会减少，小家庭比重会增加而且占绝大多数。这虽然符合现代社会的发展趋势，但对于经济社会发展还相当落后的农村而言，传统家庭功能的过快丧失，可能导致诸多社会问题，特别是对未来农村人口养老产生巨大的社会压力。二是农村少子化现象值得关注，随着农村总和生育率的持续走低、农村少年儿童数量和比重的持续下降，未来农村少年儿童将成为稀缺的人口资源。这一现象是否意味着农村人口的生育决策已趋于经济理性，人口的自我控制机制正在形成。如果是，即意味着人口与经济社会发展相协调的自然机制正在逐步建立，也将意味着当前中国人口政策需要相应的修正。三是因绝大多数农村青壮年劳动力进入城市非农产业，农村常住人口实际已进入老龄化社会，而且农村老龄化问题远超过城市，农村社会保障问题和养老压力不断加大，这一问题应引起社会各界的高度重视。

再次，从人口生态学的意义看，一是农村人口与资源环境的关系问题一直备受关注，具体表现为人地关系高度紧张，水资源短缺，过垦过牧导致土地严重退化，土地承载力相对有限，生态退化严重。这不仅影响了农民收入水平的增加，而且限制了现代农业的发展。但随着农村人口规模的逐渐下降，将极大地缓解农村人口和资源环境的紧张关系。二是随着农村劳动力向城市转移，大量农户家庭市民化和向中心城镇集中，中国人口向周边地区的屯边垦荒将出现历史性的逆转，即人口开始向城镇和中心地带转移。随着人口的流动，自然条件严酷、交通不便的边远山区、农业生产条件薄弱的农村地区，人口压力将逐渐减轻，生态环境压力也逐渐减轻，在良好的政策引导下，生态的自我修复机制将逐渐恢复，生态贫困问题也将得到有效解决。从这个意义上看，农村劳动力流动进城与农民工市民化也是生态脆弱地区最好的扶贫模式。三是农村人口的流动和转移为农村空间结构的优化带来了难得的机遇。农村人口结构和劳动力结构的变化，为农业生产的组织化、社会化、市场化带来了良好的机遇，也将促进农村以家庭为主的养老模式向家庭与社会相结合的养老模式转换，促进自给自足的生活方式向现代生活方式转变，从而给农村管理制度和管理体制提出了新的要求，农村社区化建设和发展将成为必然趋势。四是农村劳动力快速减少，特别是农村少子化和老龄化现象，将使农村要素结构和生产方式发生变化，丰富的劳动力资源将不再成为农村的优势，这对农业发展带来了挑战，也为促进传统农业向现代农业转变提供了条件，应该说机遇与挑战并存。

以上农村人口和劳动力资源禀赋演变的特征和趋势，对正处于社会经济结构转型与体制转轨过程中的中国来说，既提供了难得的机遇，也提出了很大的挑战。如何促进中国人口结构的转换、社会经济结构的转型与体制转轨的有机结合，实现社会经济平稳发展和城乡二元社会结构的彻底转变，需要在明确而坚定的体制转轨进程中，进行一系列相辅相成的政策调整与制度创新，具体包括以下内容。

一是进一步加大农村教育投入力度，强化农业技术与农村实用技术培训，形成政府、社会、企业和个人相结合的流动劳动者技能培训机制，加大农村人力资源开发力度，全方位提高人力资本水平，提高劳动生产率，提升劳动力质量增长对经济增长的贡献力度，挖掘和延长农村劳动力人口红利。

二是进一步改革与完善劳动市场制度，加强城乡一体化的就业制度与社会保障体系建设，全方位促进农村劳动力稳定就业，促进农村流动劳动者由非正规就业向正规就业转换，并通过完善城镇管理公共制度与社会保障制度，促进农民工融入城市和市民化进程。通过建立城乡一体化的劳动力市场制度与社会保障制度，为农民工市民化创造条件，也为更好地解决农村老龄化带来的一系列社会问题创造条件。

　　三是加快农村土地制度、农村公共产品供给制度、农业教育研究与推广制度、农业补贴政策的改革与完善，大幅度改善农业投资环境，优化农村要素禀赋与资源结构，转变农业生产经营方式，促进农业生产经营方式转换和农业生产的规模化、组织化、社会化与现代化，提高农业的经济效率，应对农村青壮年劳动力不足的挑战。

　　四是完善农村社会管理制度，加强农村社区化建设，优化农村空间结构，改善农村生产生活条件。

　　五是针对人口变动周期长、惯性大以及农村老龄化与少子化十分严重的情况，及早制定相应的农村人口管理政策，在关注农村人口数量问题的同时，高度关注农村人口的结构问题，促进农村人口增长方式由传统模式向现代模式的平稳、健康转换，促进农村人口数量、结构和质量的平稳、健康演进。

第三章

农村劳动力流动阶段判断

——"刘易斯转折点"是否来临

一 现象描述及相关文献综述

（一）"民工荒"、"招工难"、"涨薪潮"现象

改革开放以来，伴随着我国经济快速发展、工业化与城市化步伐的加快，大量农村剩余劳动力开始源源不断地向非农部门和城市工业部门涌进。20 世纪 80 年代，农民工主要向本地乡镇企业的非农部门流动，到 90 年代，演变到跨地区主要向东南沿海城市工业部门流动，形成了持续近 20 年的"民工潮"现象，为中国经济带来了一个以廉价劳动力成本为特征的人口红利时期。据统计，1980—1989 年共转移农村劳动力 5308 万，年均约 531 万；1990—1999 年年均转移约 1935 万；2000—2004 年短短五年时间，我国总计转移农村劳动力 24359 万，是整个 80 年代的 3 倍多，约是整个 90 年代的 1 倍，其中非户籍异地农民工年均 4075 万的转移量更是 1989 年的 5 倍之多。[①] 然而，正当人们认为农村劳动力向城市流动的规模和数量仍然在不断扩大，农村仍然有无限的剩余劳动力来满足城市工业化发展的需求时，2004 年沿海地区一些加工制造企业却首度出现了农民工招工难的"民工荒"现象。珠三角和长三角的大量劳动密集型企业严重缺工，严重地区缺口在 10% 左右，仅深圳一地年关前后用工缺口就一直保持在 30 万左右。从 2004 年开始劳动力

[①] 张永丽、景文超：《试论中国的人口转变、结构转型与刘易斯转折点》，《上海财经大学学报》2012 年第 6 期。

市场的求人倍率一路上行，农民工短缺数量持续上升，东部沿海地区劳动力市场供不应求在继续，"民工荒"现象愈演愈烈，甚至开始蔓延到中西部地区，就连四川、湖南、江西、河南等几个一向是劳务输出的大省也相继出现招工难的情况。这种情况一直持续到2008年金融危机发生，金融危机给东部沿海地区的加工企业带来巨大冲击，大批企业破产，企业用工锐减，一时间很多农民工不得不踏上返乡的道路，用工紧张的现象一度缓解，人们甚至开始怀疑"民工荒"现象的真伪，质疑东部地区劳动力供给是否真的发生了变化。但是仅仅经过一年，在我国促进内需政策出台后，经济逐渐恢复，国际市场也开始慢慢复苏，沿海地区企业逐渐恢复了生机，到2009年第四季度，一些企业反映用工紧张现象再次出现。浙江省2010年第一季度劳动力市场求人倍率为1.95，佛山市2010年7月劳动力市场求人倍率为1.47，深圳市2011年春节后用工缺口大约80万。与此同时，中部湖北省2011年春节后用工缺口达56万之多，西部劳务输出大省四川省的招工更是困难重重。① 种种现象表明，再次席卷全国的"民工荒"已经不仅仅是一个短暂的现象了。然而伴随着"民工荒"，"涨薪潮"现象也开始出现。从2004年开始并陆续不断出现的"民工荒"迫使企业不得不提高农民工的工资水平和福利待遇，以期用高工资高福利来打破企业招工难的现象。大量资料显示，自2004年"民工荒"以来，农民工工资、福利待遇在不断增加和改善。报道显示，东中西部许多行业的代表性企业纷纷提高工人月工资水平，如浙江的雅戈尔集团将工人月工资水平提高到3000元；江苏省昆山市的部分电子企业给出月工资2500元，外加保险并包休假的招工待遇；西部的中集物流制造公司更是开出月工资3300—4000元的优厚待遇。不仅企业如此，近几年全国各地还纷纷上调最低工资标准。2010年，全国共有30个省份调整了最低工资标准，月最低工资标准平均增长幅度为22.8%。另

---

① 周立：《"刘易斯拐点"已现："民工荒"与"涨薪潮"》，《湖北经济学院学报》2011年第5期。

据人力资源和社会保障部在 2011 年 7 月发布的消息，2011 年上半年我国已有 18 个地区调整了最低工资标准，工资增长基准线多在 15%以上。而各地农民工的实际工资涨幅已超过了这些标准。① 种种迹象表明，劳动力成本正在上升已经成为不争的事实。

（二）相关文献综述及问题的提出

美国经济学家阿瑟·刘易斯曾在《劳动力无限供给条件下的经济发展》一文中提出了著名的二元经济发展模式，假设发展中国家的经济中包含资本主义部门（现代工业部门）与维持生计部门（传统农业部门）两个部门，将经济的发展分为两个阶段，第一阶段是劳动力无限供给阶段。即劳动力过剩，工资取决于维持生活所需的生活资料价值的阶段。第二阶段是劳动力稀缺阶段。当剩余劳动力被吸收完毕之后，工资取决于劳动的边际生产力。当剩余劳动力转移完成之后，劳动力成了稀缺性生产要素，现代部门要继续获得劳动力供给必须提高工资水平，劳动力供给曲线开始向上倾斜。从此，劳动力和资本开始共同分配增长的利益，资本积累回归正常水平，劳动力市场成为统一的新古典世界，而这两个阶段的交接点就被称为"刘易斯转折点"。后来，拉尼斯和费景汉扩展了刘易斯模型，将二元经济发展分为两个转折点三个发展阶段：第一阶段农村劳动力的边际生产率很低或几乎为零，劳动力对工业部门的供给为无限弹性。随着劳动力逐渐转入工业部门和工业部门规模的不断扩大，农业劳动的边际生产率上升，经济发展进入第二个阶段，工业部门对劳动力的需求持续增长，边际生产率不为零的劳动力继续向工业部门转移。劳动力工资的持续升高把经济发展带入到第三阶段，即两部门经济一体化发展的阶段。第一阶段向第二阶段转移产生了"刘易斯第一转折点"，即农村剩余劳动力从无限剩余转向有限剩余，劳动力工资开始提高；第二阶段向第三阶段转移产生了"刘

---

① 孟艳春、张耀奇：《"民工荒"与中国低成本劳动力时代的终结》，《西南民族大学学报》2012 年第 2 期。

易斯第二转折点"，即农业部门的劳动力被工业部门吸收殆尽，二元经济转化为一元经济，此时，两部门工资水平都由市场来决定，该点又被称为商业化点。由于我国城乡户籍制度等制度体制的限制，我国劳动力市场长期处于城乡分割的二元状态，农村有接近无限供给的剩余劳动力，同时城市的扩张和工业化发展急需大量的劳动力，起初的劳动力流动主要表现为从农村的农业部门向城市的工业部门的转移。这一阶段的经济发展特征与刘易斯的二元经济模型假设相符，所以我们讨论中国城乡分割的二元经济问题时，可以近似地以刘易斯的二元经济模型来加以说明。随着近年来"民工荒"现象的频频发生以及农民工工资的不断上涨，剩余劳动力已经开始出现短缺，并呈现长期趋势。似乎表明我国已经迎来了刘易斯第一转折点。然而，在人口红利正逐渐消失、剩余劳动力无限供给的时代即将终结的言论声中，关于刘易斯转折点是否真的到来，国内外学者却持有不同的观点。

蔡昉（2005，2007，2010）在对人口年龄结构变化的态势分析上，做出了劳动力短缺的长期趋势判断。他认为中国正在经历以廉价劳动力供给、工资增长缓慢、城乡收入差距持续保持为特征的二元经济发展过程，且从劳动力无限供给到劳动力的有限剩余的转变正在发生。在农村剩余劳动力数量方面，他估算得出 2005 年 40 岁以下农村剩余劳动力约为 5000 万，而不是通常认为的超过 1 亿，仅占农村全部劳动力的 1/10；在农民工工资价格变动上，他根据官方数据得出，农民工就业集中行业的平均工资有了加速上涨的趋势。同时根据对五个城市的调查得出，2001 年至 2005 年间，外来工小时工资上涨速度比本地工快 60%。且这种变化趋势并非是短期或周期性的，而是长期或结构性的。综合人口年龄结构变化趋势、劳动力市场供求关系变化、普遍出现的民工荒现象以及普通劳动者工资上涨等方面的新形势，他做出了刘易斯转折点到来的判断。[①]吴要武（2007）推论"刘易斯转折点"到来后应该发生的社会经

---

① 蔡昉：《劳动力短缺：我们是否应该未雨绸缪》，《中国人口科学》2005 年第 6期；蔡昉：《"刘易斯转折点"近在眼前》，《中国社会保障》2007 年第 5 期；蔡昉：《人口转变、人口红利与刘易斯转折点》，《经济研究》2010 年第 4 期。

济现象，利用跨地区多层次的数据从非技术劳动者的工资变化、非正规就业规模变化等角度检验了这些推论，认为我国的刘易斯转折点已经到来。张永丽、景文超（2012）也从我国人口转变的角度出发，认为 2005—2015 年，中国劳动力总量将达到高峰，进而出现下降，人口红利逐渐消失，中国已经跨越第一个刘易斯转折点。此外，大冢启二郎（2006）从中国制造业的实质工资变化情况得出判断，中国已经通过了刘易斯转折点。蔡昉、都阳（2011）从普通劳动者工资增长水平和变化趋势与农民工、大学毕业生以及城镇就业者等不同群体间的工资比较两个方面得出了劳动力市场已经出现了系统的工资趋同现象，验证了刘易斯转折点的到来。

在以蔡昉为代表的一批学者认为刘易斯转折点到来的同时，樊纲（2007）认为我国现在仍然有 2.5 亿—3 亿的农民，中国仍将长期处于劳动力过剩阶段，从而认为"刘易斯转折点"远未到来。姜华东（2007）从微观角度考察农民工的劳动力供给行为，认为"民工荒"现象是农民工在工资预期下的理性行为，并不意味着"刘易斯转折点"的到来。格林（Green，2008）利用 2005 年中国国家统计局的数据进行预测，认为 2005 年中国 20—30 岁的劳动力数量下降只是暂时的，在 2015 年将会达到 2.15 亿，中国依然能为非农部门提供充足的剩余劳动力。周天勇（2010）从我国城市化水平仍然较低，农业中尚有大量剩余劳动力以及城乡劳动生产率差距和工资水平差距都还相差很远等角度出发，认为刘易斯转折点来临会到 2020 年以后。汪进、钟笑寒（2011）以人均 GDP 水平和农业劳动力占劳动力总量的大小作为判断刘易斯转折点到来的两个指标，通过建立回归模型，得出中国的人均 GDP 收入水平虽然已经进入了刘易斯转折区间，但是，与同等收入国家的平均水平相比，中国的农业劳动力比重偏高。他们认为，我国农业劳动力转移仍有较大潜力，中国仍有可能通过政策手段来进一步释放农业劳动力，并推迟刘易斯转折点的到来。

关于"刘易斯转折点"是否来临的争论，学者们各执一词，众说纷纭。基于已有研究结果，否认"刘易斯转折点"来临的学者大多以东南沿海各地的情况来加以说明，那些地区经济发达，劳动力流动成本相对低廉，因而具有较高的流动性，在各种影响劳动力就业决策因素的影响下，容易得出"民工荒"只是短暂现象的结论。而少有学者考察经济发展水平相对落后、劳动力流动性相对较差、流动成本相对较高的中西部地区的农村劳动力流动情况。鉴于此，本章将主要利用笔者在 2007—2013 年在甘肃、宁夏、四川、陕西等地进行的四次社会调查资料（有关样本数据的基本情况见第二章），着重从农村劳动力规模和结构变动、农村外出劳动力规模结构变动、外出农民工工资变动及与农业劳动力收入比较变动等方面，就"刘易斯转折点"是否来临这一问题进行深入的分析，并提出相应的判断。

二　农村劳动力规模与结构变动

（一）农村劳动力规模变动

1. 总人口及总劳动力规模变化

首先，从全国范围来看，根据国家统计年鉴，全国农村总人口从 2001 年的 79563 万人下降到 2012 年的 64222 万人，下降了近 19 个百分点。农村劳动力从 2001 年的 55415 万人下降到了 2012 年的 47614 万人，下降了近 16 个百分点（见图 3—1）。农村劳动力的下降幅度虽然稍低于农村人口的下降幅度，考虑到劳动力定义的时滞性，未来农村劳动力减少的幅度必然会超过农村人口的幅度，两者未来都会出现下降的趋势不会改变。

其次，从本书四次社会调查数据来看，由于四次调查的村庄不相同，为了统一计算口径，将各年农村总劳动力占农村总人口的比重作为判断农村总劳动力变动趋势的指标。据计算得出，2007 年调查村庄的总劳动力占总人口的比重为 65.65%，到 2008 年为 63.81%，2010 年为 62.13%，2013 年为 61.98%。可以看出，农村总劳动力占农村总人口的比重也是呈下降趋势的。

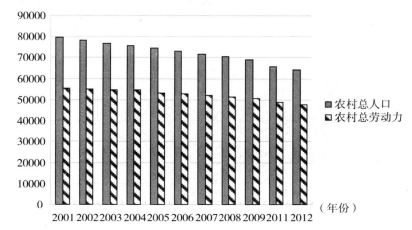

图 3—1　农村总人口及总劳动力变动（单位：万人）

资料来源：《中国统计年鉴》。

2. 户均人口及户均劳动力的变化

劳动力作为生产性人口，是家庭财富的主要创造者。在农村以家庭为单位的户数变动不大的情况下，农村人口和劳动力规模的变动关键取决于家庭人口规模的变动。为了进一步说明农村人口及劳动力规模的变化，本章以四次社会调查数据为基础，从家庭户均人口和家庭户均劳动力两方面的变动来进行说明。如图 3—2 所示，以家庭为单位的户均人口呈现不断下降的趋势。2007 年农村家庭户均人口为 5.11 人，随后逐年缩小，2008 年为 4.66 人，2010 年为 4.72 人，2013 年下降到户均人口 4.42 人。六年间户均人口下降近 0.7 人，下降幅度为 13.7%，年均下降约 2.3 个百分点。同时，以家庭为单位的户均劳动力也呈现不断下降趋势。2007 年农村家庭户均劳动力为 3.4 人，2008 年、2010 年分别为 3.0 人、2.9 人，到 2013 年下降到户均劳动力 2.7 人。六年间户均劳动力下降近 0.7 人，下降幅度为 20.6%，年均下降 3.4 个百分点。

可见，未来农村家庭人口及劳动力规模还将进一步减小，且户均劳动力的下降速度比户均人口的下降速度要快。这就意味着，未来以农村劳动力为主要来源的非农产业的劳动力供给也将出现下降趋势。

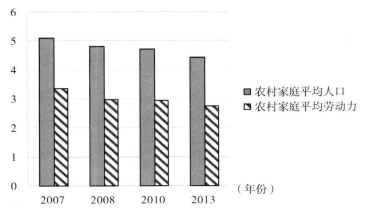

图3—2　户均人口及劳动力变动（单位：人）

（二）农村劳动力年龄和就业结构变化

1. 年龄结构

　　农村劳动力是指具有农村户籍人口中16周岁以上具有劳动能力的人员，具体是指农村户籍人口中男16—60周岁，女16—55周岁，以及男60周岁以上、女55周岁以上从业3个月以上的人口。考虑到我国农村劳动力的实际情况，本章农村劳动力是指15—64岁的年龄人口。根据联合国国际劳动组织的划分，劳动年龄人口中45岁及以上劳动力为老年劳动力。为了进一步分析农村劳动年龄人口内部结构的动态变化，本章对农村劳动年龄人口结构进行细分，主要从农村劳动力各个年龄段的分布情况等方面来分析。

　　首先，从全国来看，根据国家统计年鉴，得到2001—2012年每年各个年龄段的劳动年龄人口的变动趋势（见图3—3）。从图3—3中可以看出，30—39岁和15—19岁（从2006年开始）年龄段的劳动人口比例总体上呈明显的逐年下降趋势，40—49岁、60—64岁年龄段的劳动力则一直呈现出很明显的上升趋势，虽然20—29岁年龄段的劳动力在2009年出现了一次小幅上升，但2011年又呈下降趋势，而50—59岁年龄段的劳动力与20—29岁年龄段的劳动力近似相反，从2009年下降之后又从2011年开始又呈上升趋势。而出现下降趋势的15—19岁、20—29岁和30—39岁年龄段的劳动力都是青壮年劳动力，出现上升趋势的 50—59 岁和 60—64 岁年龄段的劳动力都是老年劳动力。其中，40—49 岁年龄段这一部分青壮年步入老年的劳动力的人数在不断上升，2012 年达到占比最高的 25%，说明开始从青壮年步入老年这一过渡阶段的劳动力不断增多，老化趋势明显。整体来看，青年劳动力数量在不断下降，老年劳动力数量在不断上升，说明我国劳动力内部的老化已开始显现，并呈不断强化的态势。

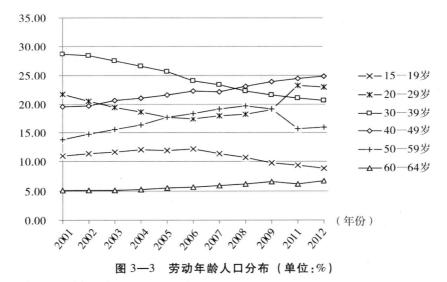

图 3—3　劳动年龄人口分布（单位:%）

注：2010 年数据缺失。

资料来源：《中国统计年鉴》。

其次，从四次社会调查的数据来看，一是农村人口平均年龄、劳动力平均年龄和外出劳动力平均年龄都呈不断上升趋势（见表 3—1）。2008 年农村总人口平均年龄为 31.42 岁，到 2013 年上升到 34.58 岁，6 年间农村总人口平均年龄上升了 3.16 岁，平均每年上升约 0.53 岁；相应地，农村劳动力平均年龄由 2008 年的 41.37 岁上升到 2013 年的 42.56 岁，年均上升 0.24 岁；外出劳动力平均年龄从 2008 年的 30.77 岁，到 2013 年的 32.50 岁，年均上升 0.35 岁。这表明农村总人口和农村劳动人口年龄的均值将不断抬升，老龄化趋势明显，外出劳动力依然以农村劳动力中的青壮年为主，但也呈现年龄渐长的趋势。按照这种趋势，十年后，农村劳动力的平均年龄将达到 45 岁，而外出劳动力的平均年龄也将超过 35 岁，这将对长期以来我国非农产业劳动力主要依赖年轻农村劳动力的供给结构产生一定的影响。

表 3—1　　　　　　　　　　平均年龄情况　　　　　　　单位：岁

年份＼项目	总人口平均年龄	农村劳动力平均年龄	外出劳动力平均年龄
2008	31.42	41.37	30.77
2010	31.57	41.94	31.86
2013	34.58	42.56	32.50

二是从农村劳动力各年龄段分布来看（见表 3—2、图 3—4），分布不均匀及断档严重。从分布集中来看，农村劳动力主要集中于15—24 岁和 40—49 岁之间，2013 年数据显示，农村劳动力最为集中年龄段在 15—24 岁之间，占农村劳动力总量的 34.93％；其次在40—49 岁之间，占农村劳动力总量的 32.15％，这一数据表明，当前农村劳动力主要（约 70％以上）集中于这两个年龄段位上。这一结果与新中国成立以来中国人口变动基本相吻合，特别是与从 20世纪 70 年代初期实施的计划生育政策密切相关。15—24 岁的农村人口是出生于 90 年代的一代，尽管以这一时期的计划生育政策依然严格，但他们的父辈正好处于人口基数大的生育高峰时期。现今40—49 岁之间的农村人口正好是出生在 60 年代中后期至 70 年代中期的一代人，其父辈正好处于新中国成立初期人口出生高峰时期，且 60 年代中期至 70 年代中期没有实施计划生育政策。正由于这些原因，导致了现今在 25—39 岁年龄段的农村劳动力呈现断档。数据显示，处于这一年龄段的农村劳动力占比仅为 19.28％。从时间序列来看，2008 年数据显示，15—24 岁的农村劳动力占比为37.89％，而经过六年之后，占比降到 34.93％，平均每年下降0.49 个百分点。而另一较为集中的年龄段，2008 年在 35—49 岁之

间，分布区间长且较为合理，但经过六年之后，集中区间缩小在40—49岁之间，相应地所谓的断档年龄段由2008年的25—34岁扩大到25—39岁。

表3—2　　　　　　　　　　　分年龄段占比　　　　　　　单位:%

分类 年份 年龄段	农村劳动力			外出劳动力		
	2008	2010	2013	2008	2010	2013
15—19岁	18.37	20.11	19.9	8.57	6.71	7.07
20—24岁	19.52	11.81	15.03	21.71	27.18	27.15
25—29岁	3.79	8.25	7.7	18.46	13.42	18.36
30—34岁	4.62	7.37	4.88	15.66	13.2	6.5
35—39岁	12.29	7.19	6.7	16.54	11.19	5.74
40—44岁	18.3	13.21	16.6	10.78	13.98	15.3
45—49岁	10.72	13.53	15.55	3.99	10.18	13.38
50—54岁	6.93	6.92	6.51	3.25	3.58	4.78
55—59岁	3.7	6.07	3.25	0.3	0.45	0.96
60—64岁	1.76	5.54	3.88	0.74	0.11	0.76

　　三是从农村外出劳动力各年龄段分布来看，2008年时，主要集中在20—44岁年龄段上，且分布相对较为均匀、合理，在20—24岁、25—29岁、30—34岁、35—39岁、40—44岁各年龄段上的比例分别为21.71%、18.46%、15.66%、16.54%、10.78%，总体上依序减少。而2013年时，其分布显示出相对集中于20—29岁和40—49岁，其中20—29岁年龄段占比为45.51%，40—49岁年龄段占比为28.68%，而在30—39岁年龄段比例偏小，仅为12.24%。从其变动来看，外出劳动力年龄结构由2008年时的分布相对较为均匀，到2013年分布主要集中在了20—29岁和40—49岁这两个年龄段上，在20—29岁年龄段2013年的占比要比2008年高5.34个

百分点，在 40—49 岁年龄段 2013 年的占比要比 2008 年高 13.91
个百分点。这表明外出劳动力主要是由 20—29 岁年轻农村劳动力
构成，同时，后续年龄段的集中明显下移，由 2008 年时的 30—39
岁下移到 40—49 岁。这一现象明显与之前关于目前农村劳动力在
30—39 岁这一年龄段出现的断档现象相一致。

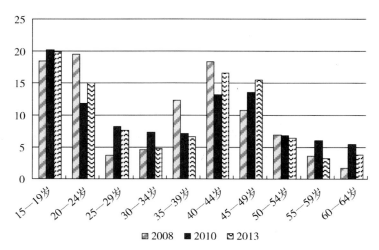

图 3—4   农村劳动力年龄分布（单位:%）

2. 就业结构

首先，从就业结构来看，经 30 多年的农村劳动力流动，农村劳
动力的从业结构已发生了根本性变化，相当规模的农村劳动力已不
再从事农业生产而转向非农就业，在非农就业中又有相当规模的农
村劳动力已成为专职的打工者或以打工为主的兼业者。由表 3—3
可见，在 2008—2013 年，农村劳动力从事农业和非农产业的比例
结构变化不是太大，总体上表现为从事农业的劳动力比重有所下
降，从事非农产业的劳动力比重有所上升，前者的比例由 2008 年
的近 60% 下降到 2013 年的 56%，后者由 2008 年的近 34% 上升到
2013 年的约 37%，但兼业化内部结构变化较大，特别是以农业为
主的兼业劳动力比例有了较大幅度的下降，由 2008 年的近 28% 下
降到 2013 年的 8.8%，同时纯农业劳动力占比由 2008 年的近 32%

上升到 2013 年的 47%。① 以上表明，经长期的农村劳动力流动，农村劳动力从事农业和非农业的比例结构已处于相对的稳态，但兼业化现象已有了很大改观，兼业劳动力的比例有了较大幅度的下降，既表明多年来农业的专业化发展，也表明农村劳动力在产业分工中的专业化发展趋势明显。

表 3—3　　　　　　　　农村劳动力就业结构　　　　　　　单位：%

就业结构	年份	2008	2010	2013
农业	纯农业	31.79	42.52	47.19
	以农业为主	27.94	16.61	8.83
	合计	59.73	59.13	56.02
打工	专职打工	31.23	32.84	31.64
	以打工为主	2.85	3.23	5.5
	合计	34.08	36.07	37.14
个体		5.15	3.57	5.56
其他		1.04	1.23	1.04

　　其次，从农村劳动力依年龄段分布的从业结构来看（见表 3—4），在 15—24 岁人口中，以学生和打工者为主，并且学生占到 50% 以上，打工比例有所下降，从事农业的人口比重有所增加，打工和接受教育存在明显的替代关系，而且越来越多的人选择接受教育；在 25—44 岁人口中，以打工和从事农业生产为主，两者就业人数占到 80% 以上，并且二者基本相当，打工和从事农业生产的比例有所增加，而个体经营的比例出现明显下降趋势；在 45—64 岁

──────────

　　①　在统计分类时，笔者将年外出打工月数在 6 个月以下的外出劳动力划分为"以农业为主兼打工者"，将年外出打工月数在 6 个月以上、10 个月以下的外出劳动力划分为"以打工为主兼农业者"，将年外出打工月数在 10 个月以上的外出劳动力划分为"专职打工者"。

人口中，仍然以打工和农业生产为主，但很明显从事农业生产的人口比重整体有上升趋势，到 2013 年达到 66.51%，打工比例有下降趋势，从 2008 年的 33.33% 下降到 2013 年的 24.20%。

利用表 3—4 的数据做进一步分析，将打工、个体和事业单位三者的就业比例相加得到各个年龄段每年的非农就业总比例。在 15—24 岁的人口中，非农就业的总比例在 2008 年、2010 年和 2013 年的比例分别为 34.65%、52.39%、26.45%；在 25—44 岁的人口中，三年的非农就业比例分别为 58.27%、55.91%、50.88%；45—64 岁人口中的分别为 47.82%、22.91%、31.89%。将不同年龄人口阶段的非农就业比例按照时间顺序进行比较分析，可以得到非农就业的变动趋势：15—24 岁、25—44 岁的人口年龄中非农就业的比例呈现下降的趋势，45—64 岁的人口年龄中非农就业的比例虽然微有涨势，但幅度甚小且与前两个年龄段的主流劳动人口的非农就业比例的降幅相比可以忽略不计。因此，从整体上来看，非农就业的变动总体上依然呈现下降趋势。

表 3—4　　　　　　　各年龄段农村劳动力就业情况　　　　　　单位:%

年龄 就业比例 年份	15—24 岁			25—44 岁			45—64 岁		
	2008	2010	2013	2008	2010	2013	2008	2010	2013
农业	1.70	6.58	8.04	41.50	43.88	45.82	52.17	77.10	66.51
打工	32.10	47.01	24.64	39.07	46.99	40.63	33.33	16.51	24.20
个体	2.27	2.87	1.04	15.67	5.81	9.49	14.01	5.33	6.09
事业单位	0.28	2.51	0.77	3.53	3.11	0.76	0.48	1.07	1.60
学生	63.64	41.03	56.75	0.22	0.21	1.01	—	—	—

再次，从外出务工者回流的情况来看（见表 3—5），十年前外出务工者和五年前外出务工者回流占比在时间上都是呈现上升趋势。其中，十年前外出务工者回流占比在 2008 年为 5.6%，到 2013 年升至 8.41%，年均增长 0.47%；五年前外出务工者回流占比 2008 年

为 1.21%，2013 年升至 4.72%，六年增长 3.51%，以年均 0.59%
的速度增长，比十年前外出务工者的回流幅度更大，流动性更强。

表 3—5　　　　　　　　外出务工者回流情况　　　　　单位：%

年份	十年前外出务工者回流者占比	五年前外出务工者回流者占比
2008	5.6	1.21
2010	8.23	3.62
2013	8.41	4.72

三　农村劳动力外出非农就业变化

（一）外出劳动力数量的变化

外出劳动力占农村总劳动力的比率可以反映外出劳动力整体的
流动情况。四次资料显示（见图 3—5），2007 年外出劳动力占农村
总劳动力的比率为 49.4%，2008 年为 48.12%，2010 年为
45.04%，2013 年为 38.29%，六年间，外出占比共下降 11.11 个
百分点，呈现逐年下降，且未来还有进一步减少的趋势。

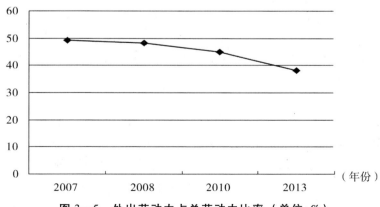

图 3—5　外出劳动力占总劳动力比率（单位：%）

为了进一步说明农村总劳动力中外出劳动力数量的变动情况，本章利用四次调查数据从外出劳动力数量的变化上做具体分析。因为每年所选的调查对象不同，不能直接将四年外出劳动力的实际数据进行比较，本章引入外出劳动力的调整数量，以 2007 年农村劳动力的人数为基期，分别得出 2008 年、2010 年和 2013 年农村劳动力相比 2007 年的变动百分比，假定外出劳动力保持与农村劳动力一样的变动幅度，再以 2007 年外出劳动力的数目为基期，对应乘以每一年的农村劳动力的变动百分比，相应得到了 2008 年、2010 年和 2013 年外出劳动力的调整数量。将外出劳动力的调整数量与实际数量进行比较，可以直观看出外出劳动力数量的变化情况（见图 3—6）。

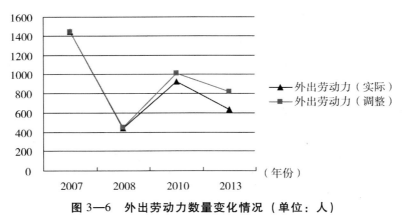

图 3—6 外出劳动力数量变化情况（单位：人）

注：图中的外出劳动力（调整）是由实际调查数据计算得到，如 2008 年外出劳动力（调整）= 2007 年外出劳动力（实际）×〔（2008 年农村劳动力（实际）−2007 年农村劳动力）/2007 年农村劳动力〕。

从图 3—6 中可以看出，若按照各年农村劳动力数量的变动幅度，2008 年、2010 年和 2013 年的外出劳动力应该分别为 450 人、1011 人、817 人，而实际上，各年的外出劳动力分别为 438 人、922 人、633 人。实际的数量比调整的数量要小，从另一方面说明了外出劳动力呈现逐年减少的趋势。再从两者的差距来看，2008 年外出劳动力的实际数量比调整数量少 2.6%，2010 年少 8.8%，

2013 年少 22.5%，这一变动趋势更进一步地表明了农村实际外出劳动力的数量正在急剧减少，未来城镇非农产业劳动力供给将会面临供给紧张。

（二）外出劳动力的就业变化

以下分析农村外出劳动力的就业行业分布及其变化。由表 3—6 可见，外出劳动力就业占比最大的分别为建筑业和服务业。2007 年外出劳动力在建筑业中占比最大为 37.28%，约是服务业占比的 1.85 倍。随后建筑业占比逐年下降，服务业占比逐年上升，两者差距不断缩小。到 2013 年，建筑业占比下降至 28.75%，下降了近 10 个百分点；服务业占比上升至 26.11%，上升了近 6 个百分点，且两者比例已十分接近。制造业作为外出劳动力就业选择的第三大行业，从 2007 年占比 16.3%，上升到 2013 年的 20.32%，已经有向建筑业和服务业占比靠近的趋势。此外，从事临时工和管理岗位的分布来看，尽管二者所占比重较低，但其变化值得关注。2007 年时，从事临时工的比重为 16.18%，与从事制造业的比重相当，而到 2013 年时，这一比重下降到 7.13%，下降超过 1 倍。而从事管理工作的比例在 2007 年时不及 2%，而到 2013 年时增长到 8.48%，增长了 3.46 倍。

表 3—6　　　　　　　　　外出劳动力就业行业分布　　　　　　　　单位:%

就业行业分布＼年份	2007	2008	2010	2013
建筑业	37.28	35.5	30.39	28.75
制造业	16.3	17.24	19.93	20.32
服务业	20.12	20.42	23.92	26.11
临时工	16.18	14.28	8.62	7.13
管理	1.9	3.77	8.05	8.48
其他行业	8.22	8.79	9.09	9.21

这些变化表明，农村外出劳动力在择业取向上已发生了较大变化。以往农村劳动力外出目的主要是因为家计或家庭贫困，因而他们的择业取向往往只以收入多少为职业选择的依据。同时因为当时劳动力市场发育迟缓、涌入城市的农村劳动力众多，以及制度所导致的劳动力市场分割、与其自身素质相适应的城市岗位有限等原因，导致大部分农村外出劳动力主要从事技术含量低、工作环境差、以体力为主的建筑业，或技术含量低、工资低的低端服务业，或从事无任何保障的临时工。而今这一现状已发生了很大变化，特别是随着新生代农民工逐步成为外出劳动力的主体。新生代农民工与第一代相比，他们在逐渐摆脱第一代农民工所从事的险、苦、累的工作，开始选择在相对轻松、工作条件较好、靠技术和脑力赚钱的行业就业。同时，劳动力市场环境的转变对农村外出劳动力从业结构的变化也在发挥着重要作用。一方面随着国家一系列农民工政策的出台，从法律及政策等方面对保障农民工基本权利发挥了重要作用；另一方面，作为劳动力市场另一主体的资方，在提升用人待遇、改善工作条件、提供各种方便等方面也有了积极的变化，而导致资方以"善待工人"为基本经营理念的转变，背后的深层次原因就在于"民工荒"和"招工难"。

由以上分析可见，外出劳动力就业行业占比的变化，既是外出劳动力择业取向的转变，也是劳动力市场资方用人理念的转变。从就业分布趋势还可以看出，这些变化并不是短暂的，而是一个长期的结构性的变化。"民工荒"和"招工难"现象，在未来某些行业中还会持续。

四　农村劳动力农业和非农就业的收入变动分析

（一）外出劳动力收入变动

农村劳动力向非农产业供给的短缺不仅表现为数量的减少，也表现为农村劳动力整体收入水平的上升，特别是外出劳动力工资的快速上升。在不考虑物价水平变动及国家政策等影响因素的条件下，下文将根据调查资料就农村外出劳动力的绝对收入水平和相对收入水平变化，以及与农业劳动者的收入比较等方面进行分析。

1. 绝对收入水平

由于收入调查数据以年为单位得到，因而不能真实反映外出劳动力的工资水平，须以实际的外出务工时间来确定实际的工资价格，即外出劳动力的实际月工资等于平均年收入除以平均年打工月数。

首先，在 2007—2013 年，外出劳动力的人均年实际收入有了很大的提高，由 2007 年的 7163.4 元上升到 2013 年的 24484.2 元，上涨了 242%，年均上涨 40.3%，外出务工收入构成了农村居民收入的重要来源（本书的调查数据显示，2013 年时外出务工收入已占农村家庭收入的 60% 以上）。见表 3—7。

表 3—7　　　　　　　　外出劳动力的收入状况

收入水平	2007 年	2008 年	2010 年	2013 年	均值
人均月收入（元）	837.8	1086.5	1546.1	2621.4	1523.0
平均外出打工月数（个）	8.6	9.2	9.2	9.3	9.1
人均年收入（元）	7163.4	10044.6	14278.7	24484.2	13992.73

其次，反映外出劳动力实际工资价格的月收入水平也有了大幅增长。2007 年为 837.8 元，上升到 2013 年的 2621.4 元，上涨了 212.89%，年均上涨 35.5%。平均的环比增长率为 20.94%，印证了近年的"涨薪潮"现象。同时可见，外出劳动力年收入的增长也与其打工时间的延长有一定的关系，在 2007—2013 年，外出劳动力的年实际务工时间有了一定程度的延长，由 2007 年的平均 8.6 个月延长到 2013 年的 9.3 个月，表明农村外出劳动力从事非农产业的实际工作时间在延长，也与新生代农民工中的大多数人已成为专职的打工者有很大关系。

2. 相对收入水平

为了更好地了解外出劳动力价格的变动情况，本章将外出劳动力人均月收入与全国城镇居民家庭人均月收入以及农村居民家庭人均月收入进行比较,如图 3—7 所示。

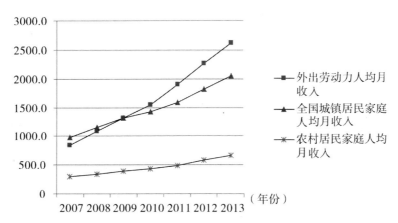

图 3—7 外出劳动力与全国城乡居民人均月收入水平对比 (单位:元)

注:图中全国城镇居民家庭和农村居民家庭人均月收入是由当年全国城镇居民家庭人均可支配收入(农村居民家庭人均纯收入)/12 计算求得的。数据来源于《中国统计年鉴》。2007 年、2008 年、2010 年和 2013 年外出劳动力的人均月收入是由实际的调查数据计算而得,而 2009 年、2011 年和 2012 年外出劳动力的人均月收入是根据已有调查数据按照等差数列填充的,如 2009 年第一代农民工的人均月收入=(2008 年第一代农民工的人均月收入+2010 年第一代农民工的人均月收入)/2。

首先,从收入水平的比较看,外出劳动力人均月收入相比全国城镇居民家庭人均月收入要高,特别是自 2008 年开始,外出劳动力人均月收入超过全国城镇居民家庭人均月收入,并且两者的差距有持续走高的趋势,这一趋势表明外出劳动力在城市的收入水平已经发生了根本性的转变。

其次,从外出劳动力人均月收入与农村居民家庭人均月收入比较来看,两者已经呈现出较大的差距,且差距持续快速扩大,2006 年外出劳动力人均月收入比农村居民高 538.9 元,2007 年高 741.5 元,2009 年高 1116.7 元,2012 年更是高出 1961.6 元。可见,外出劳动力的打工收入已经成为农村人口收入的主要来源,也是促使农村居民人均收入曲线上升的最主要力量。

由以上分析可见，近几年，农村外出劳动力的收入状况有了很大的变化，无论是在绝对水平上的上升，还是在相对水平上与全国城乡居民人均月收入的对比情况来看，外出劳动力的收入增长均非常迅速。尤其是 2008 年之后，外出劳动力的人均月收入超过全国城镇居民家庭的人均月收入，不仅保持着增幅逐渐扩大的增长趋势，且外出劳动力人均月收入的增幅超过全国城镇居民人均月收入的增幅，反映出外出劳动力价格上涨的持续性，也表明我国非农产业一般劳动力市场正在发生根本性的变化。

（二）农业劳动力年收入变动分析

进入刘易斯转折点，其含义不仅有农村劳动力非农就业的工资价格有长期的上涨趋势，同时还必须包含农业劳动生产率的提升。为研究农业劳动生产率的变动情况，可以将实际从事农业的劳动力的农业收入作为衡量农业劳动生产率的指标，简单地可用不外出劳动力的年人均农业收入来替代。

如图 3—8 所示，不外出劳动力人均农业年收入 2008 年为 3728.74 元，2010 年为 4806.35 元，2013 年为 8974.78 元，从绝对数值上看呈现递增趋势。其中 2010 年比 2008 年增长了 28.9%，2013 年比 2010 年增长了 86.73%。可以看出，人均农业年收入有一个较为快速的增长，且这种趋势还在不断增加，从而说明农业劳动生产率随着时间正在快速提升。

进一步分析农业劳动力收入的变动情况，将不外出劳动力人均农业年收入与外出劳动力人均打工年收入进行比较（见图 3—8）。

首先，从绝对数值上来看，2008 年，不外出劳动力人均农业年收入为 3728.74 元，外出劳动力人均打工年收入为 10044.6 元，是不外出的 2.7 倍之多，2010 年两者差距又稍微拉大，外出为不外出的 2.9 倍之多，但到了 2013 年，又降为 2.7 倍。表明农村劳动力外出务工收入和农业劳动力收入的绝对差距仍在扩大，但在相对差距幅度上有所收敛。

其次，从两者的年收入增长率来看，2010 年不外出劳动力人均农业年收入比 2008 年增长了 28.9%，外出劳动力人均打工年收入的增长率为 42.15%，随后，两者各自呈现递增趋势，到了 2013 年，不外出劳动力人均农业年收入比 2010 年增长 86.73%，而外出劳动力人均打工年收入增长了 71.47%。可以看出，外出劳动力人均打工年收入的增长幅度没有不外出劳动力人均农业收入的增长幅度大，说明近年来，农业劳动生产率确实在不断提高，尽管与外出劳动力人均年收入在绝对数值上还有所差距，但是这个差距有逐渐缩小的趋势。

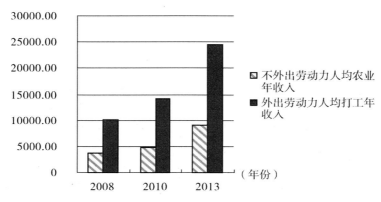

图 3—8   不外出与外出劳动力年收入比较（单位：元）

五   结论及政策建议

（一）结论

首先，从农村劳动力的规模和结构来看，一是农村人口及劳动力规模呈明显的下降趋势，无论从家庭户均人口和劳动力数，还是从农村劳动力占总人口的比重看，这一下降通道已经开启，并将是一个长期的过程。农村劳动力规模的不断下降是影响当前及未来国家非农产业劳动力供给的关键因素。二是农村劳动力年龄结构分布的"中间断档"（现今 25—39 岁年龄段）现象严重且老龄化态势严峻，农村劳动力的平均年龄十年后可能达到 45 岁，即平均年龄达到国际上通行的对老年劳动力界定的下限，若按正常分布，即意味着将会有一半的农村劳动力属老年劳动力。同时，"中间断档"的现象也使得农村外出劳动力在年龄分布上呈哑铃状，中间间距不断扩大，非农产业在吸收大多数农村青年劳动力（15—29岁）的同时，中年农村外出劳动力（30—39岁）的集中年龄段已下移到40—49岁，即意味着在未来五年后，伴随着这一年龄段的外出劳动力中的大多数人回归农村，农村劳动力中参与非农产业的规模将会加速减少，届时农村劳动力向非农产业劳动力的供给更显趋紧。

其次，从农村劳动力从业分布及变化来看，非农就业占农村劳动力总数的比例也呈下降趋势，尽管导致这一结果的原因复杂多样，但第一代农村外出劳动力因年龄偏大而逐步退出流动和农村社会经济状况改善是两个重要原因。第一代农村外出劳动力中的大多数人现今已步入老年劳动力行列，由于体力、文化素质、城市适应性以及农村家庭等多方面因素影响，他们在年老之时绝大多数将选择回归故乡。另外，近年以来，由于国家政策对"三农"的大力支持，农村社会经济发展状况已有了较大改善，这也是吸引部分农村劳动力留在或回流农村的重要原因。在外出劳动力回流加重及部分农村劳动力对外出就业意愿改变的情况下，必然进一步加重农村劳动力向非农产业劳动力供给的短缺。

再次，从农村劳动力收入水平来看，一是外出劳动力工资水平呈现快速上涨的态势，这种上涨态势不是间断性的，也不是局部性的，而是持续和普遍的。以往农村剩余劳动力的广泛存在，是制约农民工工资上涨的基本因素。而随着农村劳动力向非农产业劳动力供给的不足或短缺，市场的力量将会迫使非农部门不得不提高工资。二是农村外出劳动力的月工资已超过城镇居民的人均月收入，这一事实表明，农村外出劳动力的工资水平与城镇职工的工资收入差距在逐步缩小，我国非农产业一般劳动力市场正在发生根本性的变化。三是在这一过程中农业劳动力的收入水平也呈不断上涨态势，尽管农业劳动力收入水平和外出务工劳动力的收入水平差距依然较大，但至少表明在外出劳动力工资普遍而持续上涨的同时，实际的农业生产率还是得到一定程度的提高。

总之，农村劳动力规模下降、老龄化以及回流加重、择业意愿改变等因素共同导致了农村劳动力向非农产业供给的不足，并且具有不可逆性。同时，外出劳动力工资价格普遍而持续的上涨及农业劳动力生产率的提高，这些条件基本可以印证我国已进入"刘易斯转折点"这一判断。而根据农业劳动力与外出劳动力收入仍然存在着较大差距这一事实，只能说，我们刚刚跨过"刘易斯第一转折点"，至于到"刘易斯第二转折点"，还将是一个漫长的过程，且可能是一个非常艰难的阶段。

（二）政策建议

刘易斯转折点的到来，意味着支撑我国经济30多年高速增长的丰富劳动力开始变得稀缺，资源禀赋的变化对经济可持续增长提出了挑战，也意味着国家经济发展战略及相关政策的调整。这就是：转变经济发展方式，推进产业结构转型；完善劳动力市场，加强劳动力素质培养；统筹城乡发展，推进二元归一。

1. 转变经济发展方式，推进产业结构转型

工业化的发展必须尽快摆脱劳动力资源依赖的特点，从资本积累和技术创新等生产要素入手找到新的发展路径。由依靠廉价劳动力逐渐转移到依靠技术进步和技术创新，由粗放式经济发展转移到内涵式经济发展。同时农业部门应该更多地推广农业技术，引进资本，加快建设现代农业的步伐，一方面解放农村劳动力，另一方面进一步提高农业部门的边际生产率，完成由传统劳动密集型农业向现代资本和技术密集型农业的转变。这一转换将决定中国二元经济向一元经济转换的进程，是经济发展中最关键性的问题。这种转换的动力依然来自于一系列的改革与创新。

首先，经济发展活力与解决民生的动力来源于大量的中小企业，产业升级与技术进步的动力也来自中小企业，目前中国中小企业的发展不足已经影响到中国制造业的升级换代，因此，必须通过投融资制度、财税制度、产业政策、市场结构、市场组织等一系列改革，推动中小企业的发展。

其次，进一步推进市场化改革。中国市场化改革还在推进过程中，目前市场化程度最高的是消费品市场，之后依次是中间品市

场、金融市场、生产资料和要素市场。这种市场结构严重影响着价格机制的调节和信号传递功能的发挥，影响着企业的市场行为与行为绩效。因此，应逐步放开要素市场的价格，打开要素市场的市场准入，改革投融资体制，让更多的社会资本与民营资本参与到市场化程度不高的行业和领域，推动中国工业化进程向更高阶段迈进。

最后，通过市场机制形成价格，通过价格机制引导企业技术进步，挖掘中国劳动生产率与资本生产率的潜力，提高全要素生产率。

2. 完善劳动力市场，加强劳动力素质培养

影响我国农村劳动力流动的很大一部分原因源自我国城乡分割的二元体制，如户籍制度、收入分配制度、土地制度、财税制度等。在刘易斯转折点到来的背景下，加快推进教育制度、社会保障制度、住房制度等体制改革的进程，加快中国的城市化进程，解决新生代农民工的市民化问题，使大量农民工彻底而稳定地转换为产业工人，通过立法保障农民工在城市长期合法工作的权益，发挥劳动力在城乡联动中的桥梁和纽带作用。加上户籍制度等在内的各项制度的综合配套改革，进一步完善我国劳动力市场的制度建设。同时，加大对教育的投资，提高人力资本的积累，以质量代替数量，为推进产业升级做好劳动力方面的准备工作。

3. 统筹城乡发展，推进二元归一

统筹城乡发展是指统筹城乡经济社会系统中城市与农村、市民与农民、非农产业与农业这三者之间公平与效率的关系，构建公平高效、良性互动、和谐共进的城乡一体化社会。这是刘易斯转折点顺利向前推进的根本要求，也是中国社会经济发展的目标。统筹城乡发展的关键措施是实行以城带乡、以工促农、城乡互动、协调发展，在这一过程中，重点需要解决以下问题

首先，依然是全面推进市场化改革，发挥市场对资源配置的基础作用，推进农村要素和资源市场化进程，包括加快户籍制度改革，进一步推动劳动力流动与城市化进程；加快农村土地制度改革，促进土地流转，确保农户的土地权益；加快金融制度改革，强化金融推动农村经济发展的动力机制；改革和调整资源税，使资源税和资源开发权力向农村倾斜。

其次，必须强化农村公共产品供给，提高公共服务均等化，加强教育、医疗、卫生、社会保障、农业技术投资，加强农村基础设施建设，确实改善农村生产生活条件。这是二元经济向一元经济转换的必然要求。

最后，抓住农村和农业劳动力转移的契机，通过产业政策、财政政策与税收政策的支持，改变农业农村生产方式，提高农业的市场化、社会化、商业化、组织化水平；随着农村人口的转移与生产生活方式的改变，适当调整农村空间结构，促进农村人口和产业的聚集，加快小城镇与农村社区建设。

第四章

农民工市民化问题形成的
政治经济学分析[*]

一　农民工市民化问题形成的基本背景解析

（一）二元结构渐次松动与农村劳动力大规模流动

1. 农村劳动力流动的"非典型性"

改革开放 30 多年来，农村劳动力流动一直是中国社会经济发展中最具影响力的现象，并成为推动当代中国经济社会转型的重要力量和动力。依国家二元制度渐次松动和政策调整的特点，可将其分为三个阶段：第一阶段（1978—1983），由于受传统计划经济体制的影响，加之国内食品供给并不十分充足及大量知青返城等现实条件约束，各级政府对农村劳动力流动采取了严格控制政策，因此这一时期农村劳动力流入到城镇的规模并不大。从 1978—1983 年这五年间，农村剩余劳动力转移总量为 1614 万人，其中转移到城镇的为 424 万人，占转移人口总量的 26%。① 第二阶段（1984—1999），国家政策多次往复调整，从"准许农民自筹资金、自理口粮，进入城镇务工经商"，到"严格控制农民外出务工"，再到"宏观调控下的有序流动"，农村劳动力流动呈现出曲折演进的特点。总体来看，这一时期由于城市经济快速发展、城市建设规模扩大，城市对劳动力需求迅猛增加，农村劳动力流动进入到一个空前

---

　　*　本章部分内容发表在《河南师范大学学报》（哲学社会科学版）2013 年第 9 期和《农村经济》2013 年第 8 期。
　　①　牛若峰：《发展模式、技术进步与农村劳动力转移》，《海峡两岸农业科技与农业发展研讨会论文集》，1995 年。

高涨的阶段。到 1999 年，农村非农产业就业人员 1.6 亿人，已占农村就业人口总数的 33%，相比 1989 年非农产业就业人口数增长了近 1 倍。第三阶段（2000 年至今），可谓农村劳动力有序流动阶段。进入 21 世纪以来，国家关于农村劳动力流动就业的政策发生了积极变化，特别是自 2006 年以来，相继出台了诸如统筹城乡就业、建立健全农民工社会保障、小城镇建设配套改革，以及农民工就业培训、子女教育等多项旨在解决农民工问题的政策，使农村劳动力流动和转移进入了一个全新的发展时期。至 2008 年，农村劳动力资源总数为 5.05 亿，从事非农产业的人数为 2.73 亿，其中外出务工的农民工人数上升为 1.4 亿。[①]

但是，在这一现象中一直存在着一个重要问题，就是"大规模流动就业、极少数迁移定居"。据国务院发展研究中心 2007 年对劳务输出地 301 个村的调查，改革开放以来因外出就业累计实现迁移定居的农民工只占目前外出就业农民工的 1.7%。[②] 这一状况严重与国际经验不符，即当代中国的农村劳动力流动呈现出"非典型性"特征：农村劳动力流动具有显著的多向两阶段性，即农村劳动力流入城市后，只有极少数定居下来，绝大部分只是在城市暂时性地工作[③]，一段时间后又重新回到农村，而不是如国际经验所表现出的绝大多数农村流动人口能够实现在城市的就业及定居。而更为特殊的是，这种"非典型性"一直未被重视，人们关注的重点集中于"能不能流动、如何流动"，反映在国家政策取向上就是"控制与松动的交替"。正因为如此，经验意义上的农村人口城市化进程在当代中国被严重阻滞，"农民工市民化"问题凸显于农村劳动力流动的潮涌之中。

2. 农民工市民化进程的"非典型性"

城市化源于工业革命，与工业化同步。城市化的本质是人口的

---

① 《我国农民工工作"十二五"发展规划纲要研究》课题组：《中国农民工问题总体趋势：观测"十二五"》，《改革》2010 年第 8 期。

② 韩俊：《调查中国农村》（上册），中国发展出版社 2009 年版，第 482 页。

③ 柳建平：《贫困地区农村劳动力流动两阶段理论模型——基于劳动力禀赋和风险的农户模型转换》，《统计与决策》2009 年第 5 期。

城市化，而人口城市化的实质是"市民化"。发展经济学"人口城市化"理论和市场制度国家的发展经验都表明：在农村人口城市化过程中，农村人口职业的非农化和身份的非农化是一个同步合一的过程。而在当代中国，由于特殊的制度遗产和渐进式改革模式，农村流动人口并没有同步合一地实现职业转换和地域转移，而是呈现出与市场经济国家截然不同的"中国路径"。农村人口的城市化过程被分割成两个子过程：第一阶段是从农民（农村剩余劳动力）到城市农民工的过程，即农民非农化过程，目前这一过程已无障碍；第二阶段是从城市农民工到产业工人和市民的职业和身份变化过程，即农民工市民化，至目前依然步履维艰。[①]

从人口城市化的国际历史经验来看，有两个显著特点值得重视：一是完成人口城市化进程所需时间越来越短；二是政府在加快人口城市化进程中的作用十分重要。具有典型意义的英国、美国、日本因时代背景（工业化发展阶段及当时的技术水平）的巨大差异，在城乡关系演变趋势及农村人口非农化模式上呈现出较大的差异性。从工业化开始到城市化水平达到75%左右所用的时间来看，英国和美国用了近百年的时间，而日本仅用了60年的时间。从转移的模式来看，英国农村人口非农化主要是选择了以"圈地运动"为代表的以暴力为核心内容的强制性转移模式，美国走了一条以自由迁移为主的道路，而日本模式中很重要的一点就是政府通过立法等措施，加快了农村人口城市化进程。[②] 而从那些成功的新兴市场国家或地区的人口城市化进程来看，速度更快而且质量更优，如韩国、我国台湾地区。韩国从工业化开始到城市化水平达到75%左右仅仅用了不足30年时间，其基本经验是走出了一条"通过国土综合开发（政府主导），由集中（集中发展中心城市）到分散（中心城市形成后向郊区扩展并逐渐形成都市圈、城市群和城市带）的城

[①]　刘传江、徐建玲等：《中国农民工市民化进程研究》，人民出版社2008年版，第27—30、244—245页。

[②]　朱信凯：《农民工市民化的国际经验及对我国农民工问题的启示》，《中国软科学》2005年第1期。

市化模式"。[1] 我国台湾地区用短短 40 年时间就达到了 75% 的城市化水平，且值得称道的是由于规模分布十分均衡，台湾地区没有发生因城市过度膨胀带来的"城市病"问题。其特点是"以合理均衡城乡发展的经济政策"推动人口城市化发展，特别是创立了"离农不离村"的分散式工业化模式。[2]

而从当代中国的实际情况来看，农村人口城市化进程却表现得异常落后。虽然改革开放以来国家城市化水平有了长足发展，但与工业化发展水平相近的国家或地区相比，中国的城市化进程可谓异常缓慢。2000 年时，中国城市化率不足 40%，仍然大大低于发展中国家近 50% 的水平。2011 年中国城市化水平首次超过 50%（以常住人口计算的城市化率），但另一极为矛盾的数据是，按户籍计算的中国城市化率仅为 26%。也就是说，在当今城市常住人口中，有近一半是没有城市户籍的农村流动人口。本应同步进行的农民非农化和城市化被割裂为"农民—农民工—城市市民"的漫漫艰难之路，农村劳动力流动历经 30 多年后却依然困顿于城市化、市民化门前。

（二）中国现代化进程中的工业化与人口城市化结构偏差

城市化源于工业革命，与工业化同步。这一过程中的"推—拉"形成农村剩余劳动力向工业及其附带人口向城市转移，即农村人口向城市集聚的人口城市化。就其关系而言，城市化是市民化的舞台和载体，是市民化的依托条件；市民化是城市化的结果和目的，是城市化的核心内容。城市化进程具有内生化的就业机会创造机制，这为农村劳动力的转移及人口迁移提供市民化的经济条件。[3] 城市聚集效应表明，人口和产业的空间集聚能够内生出更多新的就业机会。现代经济发展过程中，协同效应带来的成本优势促使非农产业日益向城镇集中，产业和企业的集聚能带动上下游各环节企业

---

① 李辉：《韩国工业化过程中人口城市化进程的研究》，《东北亚论坛》2005 年第 2 期。

② 汤韵：《台湾城市化发展初探》，《长春大学学报》2011 年第 11 期。

③ 安虎森：《区域经济学通论》，经济科学出版社 2004 年版。

和中间层组织的发展，从而促进了城镇就业的增长。同时，人口集聚衍生出各种社会服务需求，从而创造更广阔的服务就业机会。经验表明，服务业崛起对劳动力的吸纳作用更大，而且呈现连续递增的发展趋势。在城市发挥聚集效应的同时，城市扩散效应将对中心城市周围城镇发展具有极强的正外部效应，中心城市通过区域分工和经济协作能带动腹地范围内产业发展和就业增长。可见，城市化进程能够为促进就业增长提供长期有效的保障机制，且城市规模与城市就业吸纳能力极度相关。[①]　因而，城市化发展速度在相当程度上决定了农村劳动力转移进程及附带人口的城市化、市民化。但是，当代中国走了一条工业化与城市化相偏离、与农民非农化相脱节的道路。工业化被限制在城市的范围内独立运行，没有带动农村的繁荣和改善城乡分割、相互封闭的关系。同时城市化长期滞后于工业化发展水平，没有带动农村人口向城市的定居迁移，而只是大规模的漂泊流动。由于大多数农村流动人口无法实现真正意义上的城市化，也导致其市民化因缺乏基本的依托条件而严重滞后。

　　新中国成立后，我国选择了一条以国家为主体、以重化工业为核心的工农业分离、资本排斥劳动的"镶嵌型"工业化道路。在制度安排上，采取了一套强制性的资本积累机制和工业投资、生产的完全计划机制，主要内容就是在农村实行层层下达征购指标和严格限制农民自由的人民公社管理体制，在城市实行企业一切行为完全听上级部门指令及城市劳动力就业"统包统配"的单位管理体制。在这一系列制度体系下，农村劳动力被城市（企业）雇用的机会几乎为零，农村人口越过制度安排在城镇生存的空间几乎全然消失，农民除了升学、入伍及入党提干等非常狭窄的通道外，要改变自身的职业身份和农民身份几乎难于登天，从而使得这一时期国家整体上的产业结构与就业结构严重偏离，城市化步伐异常迟缓，后期几乎停顿。

　　改革开放后，中国工业化和城市化发展才呈现出一些积极变

<hr>

　　①　曾令华、江群、黄泽先：《非农就业增长与城市化进程相关性分析》，《经济体制改革》2007 年第 1 期。

化。一是在工业化发展战略上，以劳动力供给和成本优势为基础，积极引进外资，倾向于出口导向型的工业化模式。二是在城镇化发展战略上，实施非城市化的农村工业化发展战略，发展小城镇，2002 年之后又提出大中小城市和小城镇协调发展战略。三是在区域发展上实施非均衡发展战略，造就了农村剩余劳动力由西向东流动的形势。这些战略的实施，使得长期停顿的城市化终于启动，其间也因各种因素影响在曲折中发展。1979—1983 年，由于受大批下乡知识青年返城、大批下放职工落实政策回城（全国约有 2000 万人需要就业），国家对农村人口进入城市实行严格控制（"三严格"政策）。其间，农业产值比重受农村改革刺激有所上升，1983 年时为 33%，第一产业就业比重基本维持在 68%，实际城市化水平仅有稍微的提高。1984 年以后，随着改革重点逐步由农村转向城市，也开始对城市劳动力就业"统包统配"制度进行改革，如 1984 年在部分行业推行的农民转换工制度和雇用农民合同工制度，1986 年开始实行将市场机制引入就业体制中的劳动合同制，1987 年在部分企业中进行的固定工制度改革，等等，这些改革使企业有了一定的权力去雇用城镇户籍之外的劳动者。与此同时，对农村劳动力在城镇就业的政策也做出了重大调整。1984 年的中央一号文件，允许务工、经商、办服务业的农民自理口粮到集镇落户，开启了中国小城镇户籍制度改革；1985 年的《关于城镇人口管理的暂行规定》允许农民在不改变身份的前提下进城务工。这些政策调整使得进城务工的农民工规模开始迅速增加。根据世界银行的估计，80 年代后期进城务工的农民工大约在 3000 万人。[①] 至 1988 年时，国家三次产业结构的比例为 25.5：43.8：30.7，三次产业从业人员结构比例为 59.3：22.4：18.3，说明这一时期农业产值和农业从业人数比重下降明显，前者年均下降 1.5 个百分点，后者为 1.7 个百分点，农业劳动人口非农化趋势加快明显。与此同时，人口城市化率也有了显著的提升。

[①] 中国农民工问题研究总报告起草组：《中国农民工问题研究总报告》，《改革》2006 年第 5 期。

　　1992 年邓小平南方谈话后，随着以市场为取向的经济体制改革步伐加快，国内劳动就业状况发生了重大变化，其中有两点对其影响最大。一是国有企业改革。1993 年开始的现代企业制度变革、1997 年开始的国有企业股份制改造，以及国有经济从部分领域退出，其对农村劳动力非农就业产生了正负两方面的影响。正向来看，随着国企自主权增强，使得一些农民工进入城市及企业从事一些城里人不愿从事的职业岗位成为可能，特别是随着大批国有企业的破产倒闭，也为兴起的民营企业雇用农民工提供了更大空间。负向来看，随着大量国有企业职工下岗、失业，再就业问题成为国家及地方政府在一段时期内的主要困难，由此而产生了对农村劳动力进入城市的政策限制，要求农民工须持流动就业证外出就业，提出要限制农村劳动力的盲目流动。二是发展非公有制企业政策。随着国有企业改革步伐加快，国有资本快速从一些领域退出，生产率最高的企业变成了合资企业，相当多数量的国有中小企业通过兼并、租赁、承包、破产、委托经营、出卖、与外商合作等形式，变成了民营企业。[①] 非公有制经济在上述背景下获得了突破性的发展，并逐步成为吸纳农村进城务工人员的主体。地方政府则以极大的热情扩大投资，大力发展乡镇企业，尤其是沿海地区的乡镇企业获得了极大发展。非公有制经济的快速发展对廉价农村劳动力产生强烈需求，使得农村劳动力的流动从 1993 年起进入高潮，农民工数量急剧增长。从 1992 年至 1999 年间，国家三次产业结构的比例由 21.5：43.5：35.0 调整为 16.2：45.8：38.0，三次产业从业人员结构比例由 58.5：21.7：19.8 调整为 50.1：23.0：26.9，八年间农业产值年均下降 0.7 个百分点、农业从业人数比重年均下降 1.05 个百分点，虽然下降速度呈减缓趋势，但就业人口结构变化仍然快于产值结构变化速度，人口城市化率也有了显著的提升，到 1999 年，中国人口城市化率达到 39%（李文涛、陈永杰依就业人口结构推算的

---

　　① 张利军、郭敏：《日本学者评日本国内关于中国当前经济发展的几种代表性观点》，《国外理论动态》2005 年第 4 期。

实际城市化率）。[①] 尽管如此，中国的城市化率仍与发达国家甚至发展中国家的平均城市化率差距巨大。资料显示，截至 2000 年，整个发达国家的城市化率平均为 74.4%，发展中国家为 48.45%。[②]

进入 21 世纪以来，随着中国加入世界贸易组织（WTO），经济增长模式由此发生重大转变，通过融入全球性经济秩序，外向型加工制造业、海外投资与国际贸易成为拉动 GDP 增长的重要力量。中国在"市场换技术"的战略指导下，变成了"世界工厂"，成为世界资本的廉价打工者，而大量来自农村的劳动力成为维系和支撑这一经济模式的关键。正是基于这一发展模式，极大地促进了我国工业化和城市化的加速发展。根据中国社科院《社会蓝皮书》显示，2011 年中国城市化水平首次超过 50%（以常住人口计算的城市化率），过去 11 年提高了 13%，若按这一数据，中国用 30 年完成了发达国家百年的城市化进程。但另一极为矛盾的数据是，按户籍计算的中国城市化率仅为 26%，过去 11 年仅提高了 1%。也就是说，在当今城市常住人口中，有近一半是没有城市户籍的农村流动人口，学者们将其称之为"半城市化"现象，即指受制于我国现行户籍制度下，农民与市民在社会福利上的分割与不平等待遇，农民进入城市工作后不能享受市民待遇，只实现了农村人口与城市中低端就业市场的对接，而未完成包括就业、福利、教育在内的全部衔接。导致这些常住城市的人口，上半身在城市，根基依然在乡村。

从以上分析可见，当代中国所特有的"农民工市民化"问题，是一个在长期的工业化与城市化结构偏差过程中积淀形成的历史问题，由于城市化长期滞后于工业化发展水平，导致城市就业扩张力度及城市基础设施条件等不能与工业化水平相匹配[③]，最终，大量的农村劳动力不能向城市定居迁移，而只是大规模的漂泊流动。

---

① 李文涛、陈永杰：《中国人口城市化水平与结构偏差》，《中国人口科学》2001 年第 5 期。

② 汤茂林：《二战以来世界城市化发展特征》，《城市科学研究》2000 年第 3 期。

③ 王竹林：《农民工市民化的城市化困境及其战略选择》，《开发研究》2010 年第 4 期。

二　农民工市民化问题形成的基本原因

（一）制度僵化

二元制度导致的二元结构是当代中国面临的最大问题，严重阻碍了中国的现代化进程。对于农民工市民化进程缓慢这一问题，学术界一致将矛头指向了一系列制度体系，包括户籍制度、土地制度、就业制度、劳动力市场分割制度、社会保障制度、教育制度、住房制度等。建立在户籍制度之上的种种制度安排把农民工排斥在城市资源配置体系之外，特别是户籍制度、劳动力市场分割制度、农村土地制度最为学者所诟病。

户籍制度是中国二元制度的典型代表，也是形成当代中国特殊二元结构的基本因素。虽然二元结构是发展中国家普遍面临的问题，但中国的二元结构是封建等级制度的结果，而非市场主导下的社会经济结构演变，这与国际经验中的二元结构有着本质区别。户籍是一种社会屏蔽制度，它将社会上一部分人屏蔽在城市社会资源之外[1]，这是阻隔农民工市民化进程的根本性制度。[2] 关于户籍制度如何阻碍农民工市民化进程这一问题，刘传江（2009）用"双重户籍墙"的概念进行了深入分析。他将户籍制度对城乡的分割分为"显性户籍墙"和"隐性户籍墙"，前者也就是表面上的或狭义的户籍制度，而后者是隐身黏附于前者背后但又韧性极强的户籍制度，其中后者构成了农民工市民化过程中的主要障碍。"隐性户籍墙"是一种衍生墙，是"显性户籍墙"的抑止功能的进一步延伸与拓展，具有韧性身份证属性，本质上体现的是一种"社会屏蔽"制度。[3] 它对农民工市民化的影响是多方面的，甚至是全方位的，具

---

[1]　李强：《当前我国城市化和流动人口的几个理论问题》，《江苏行政学院学报》2002 年第 1 期。

[2]　陈丰：《当前农民工市民化的制度缺失与归位》，《南京师范大学学报》（社会科学版）2007 年第 1 期。

[3]　李强：《农民工与中国社会分层》，社会科学文献出版社 2004 年版，第 29 页。

体表现在：就业机会不平等且稳定性差、劳动报酬不公平、缺少社会福利、权益缺乏保障、社会保障无着落、子女教育及自身培训缺失、城市住房无保障等方面。

劳动力市场分割制度就是城市劳动力市场呈现出了以户籍为界线的分割。一方面是城市正规就业市场，它以签订劳务合同、享受国家法律所要求的社会保障为特征；另一方面是城市非正规就业市场，其特征主要是缺少对就业者的保护、保障和福利。在劳动力市场分割下，虽然农民工能得到法律所保障的就业权利，但在实践层面上，城市几乎完全将农民工排除在其正式的就业体系之外，使得他们只能在体制外寻找那些几乎不受任何保护的边缘职业和底层职业。主要表现在：工作稳定性差、收入低、劳动强度大、无福利、无保障、无晋升机会等。[1] 而一些城市针对农民工制定的带有歧视性的用工规定，又加剧了他们失业的风险。

在现存农村土地制度下，存在着农民退出土地的困难，主要原因有农民土地产权残缺，政府垄断土地非农化市场，农地农用流转市场发育迟缓。[2] "集体所有"的模糊法律规定，为各级政府、官员甚至村干部控制农地处置权、获取巨额土地交易额提供便利。在政府垄断土地非农化市场下形成的农地征用制度，既无效率又失公平。资料显示，在征用土地的收益分配格局上，农民仅能获得土地交易额的 5%—10%。名义上属于农民的土地，几乎被无偿剥夺。不合理的农地征占用制度，使农民在土地资产增值收益上损失严重，同时也使得农民对土地的真实价值期望不断加重，农民对土地的难以割舍之情已不再是简单的历史情感或单纯的生存保障，更多是经济价值保全方面的考虑。从土地流转市场来看，农地使用权流转发生率低、非市场行为居多，土地流转多为无偿或象征性的给点"好处"，且流转方式单一，主要是农户间的转包、代耕等短期互助

---

① 张国胜：《农民工市民化的城市融入机制研究》，《江西财经大学学报》2007 年第 2 期。
② 迟福林：《加快农民工市民化进程》，《人民日报》（理论版）2010 年 9 月 15 日第 7 版。

行为。① 由于土地所有权未能实现农民家庭所有，农村土地不能直接进入市场进行交易，这阻碍了农地产权价值由土地财富向资本财富的转换进程②，因而工业化快速发展的进程中，农村人口离农机制再次被阻滞。

社会保障制度的缺失，导致农民工群体缺少必要的安全保障。社会保障是一个国家或地区以社会的力量，保证所属的全体社会成员都能达到最低生活水平而形成的一种分配关系。它提供的对象是全体社会成员，但制度设计从一开始就表现出对城市居民的明显倾斜。从总体看，近年来农民工社会保障问题虽然得到了各方面的重视，一些地区已经尝试为农民工提供养老保险、医疗保险、失业保险、工伤保险等社会保障，但实际状况依然不容乐观：一是农民工参保比例低、参保收益少、转保难度大、退保比例高、退保受损大；二是在社会救助和社会福利方面，目前从基本体制上仍然没有接纳农民工。③

就教育制度而言，子女教育问题成为农民工留城的重大障碍。由于属地入学等政策法规的限制以及当地教育资源的短缺，大多数城市以收取高学费或仅仅依靠民办教育力量来应对农民工子女的教育，由此产生了一系列问题，诸如适龄儿童失学、辍学或"超龄"上学、农民工子弟学校的办学质量差、农民工子女受到歧视与排斥、农村出现大量留守儿童以及留守儿童的隔代抚养问题等。从深层次看，农民工子女教育不平等现象的根本原因仍是二元社会结构下造成的义务教育的二元性。对于新生代农民工而言，如果其子女不能在城市接受持续、稳定的教育，那么他们就不可能转变为城市居民，实现个人的城市化。

住房问题也是制约农民工留城的主要障碍。城市住房制度未能

---

① 王银梅、刘语潇：《从社会保障角度看我国农村土地流转》，《宏观经济管理》2009 年第 11 期。

② 李燕燕、耿明斋：《工业化与农地产权制度演进的方向》，《经济学动态》2009 年第 6 期。

③ 高君：《推进农民工社会保障与实现农民工市民化》，《宁夏社会科学》2008 年第 6 期。

兼顾农民工群体的利益，在一定程度上引发了社会隔离。我国 1994 年启动的住房公积金制度、1998 年启动的经济适用房制度以及廉租房制度，都将农民工群体排斥在外。农民工在城市的居住方式主要有散居型和聚居型，前者是指分散于城中租房居住，后者是指集中租住在城市边缘地区，形成所谓的"城中村"现象。国家统计局 2006 年的调查结果显示：有 29.19% 的农民工居住在集体宿舍里，20.14% 的人居住在缺乏厨卫设施的房间里，7.88% 的人居住在工作地点，6.45% 的人居住在临时搭建的工棚里，还有 12.54% 的农民工住在城郊的住所。近年来，随着城市住房越来越紧张，新生代农民工的住房问题也越来越突出，成为制约他们市民化的关键因素之一。

（二）农民工自身禀赋条件

农民工自身禀赋条件的限制是阻碍其市民化的又一重要因素。这集中反映在以下几个方面：农民工科技文化素质低、技能缺乏，致使其城市生活能力严重受限；思想观念和心理素质差、农村生活习性顽固，致使其与城市社会文化融入困难；非人力财富十分匮乏，阻碍了其在城市的进一步发展。经济层面的市民化是农民工市民化的基础，而影响经济层面市民化最关键的因素，就在于农民工自身禀赋条件。

许多学者在考量农民工市民化问题时，关注的首要问题是农民工在经济生活层面能否实现市民化。如唐茂华（2005）认为，决定劳动力能否实现从农村到城市的永久性转移的关键在于劳动力的转移能力——城市生活能力。我国"两栖"劳动力转移模式形成的主要原因并不在于转移制度约束，而是不变制度工资、家庭决策和非人力财富匮乏导致劳动力缺乏城市生活能力。城市生活能力关键取决于其工资收入、非人力财富（指有形的财富）和城市最低生活成本。只有当其工资收入加非人力财富不低于城市最低生活成本时，农民工才可以真正成为城市市民，否则，就无法实现市民化。

国务院发展研究中心课题组 2010 年在 7 个省市开展的以"农民工市民化"为主题的大型问卷调查显示：从农民工受教育程度

看，45.5%为初中，从整体上呈现出以初中文化程度为主的特征；从职业技能看，没有技能等级的占 58.2%，初级技工占 21.9%，职业技能素质总体较低；从职业经验和技能培训看，多数没有接受过正规的技能培训。[①] 对农民工人力资本的诸多研究表明，人力资本现状直接影响着农民工的就业状况和收入水平。上述调查资料显示，从就业状况看，农民工的就业行业以工业为主，占 51.8%；就业单位以民营企业为主，占 57.1%；就业职位以工人或服务人员为主，占 70.7%。从工资收入来看（受调查农民工在 2009 年的情况），平均月工资 1720 元，其中，月工资收入在 1000—2000 元之间的占 62.5%，2000—5000 元之间的占 24.8%。从收入的年龄分布来看，26—30 岁年龄组的农民工收入最高，从 30 岁开始，年龄越大收入越低，16—25 岁的农民工收入低于平均水平。[②]

农民工在经济层面的市民化不仅取决于其在城市能够获得的工资性收入，还依赖于农民工的非人力财富，而这直接与农民工农村家庭财产紧密相关。从当代中国农村实际来看，由于农民在经济上长期受制度歧视和剥夺，加之农业的弱质性，农民家庭资本积累薄弱，货币财富一般来说少得可怜，日常所需主要靠出外打工或农业剩余（剩余农产品）变现，至于债券、股票等非人力财富基本为零。构成农民家庭最主要的财产就是房产和土地，但受制于现行农村土地产权制度的约束，其市场交易及其流动性很差，资产价值大打折扣，往往仅能发挥特殊的保障功能，其资本财富功能几乎丧失。

从以上分析可见，农民工的自身条件从一定意义上决定着其在城市的生活能力，从而决定了其在经济层面的市民化。而经济层面的市民化是市民化的最基础条件，没有经济层面的市民化，社会层面的市民化将成为"虚无"。同时还应看到，当经济层面的市民化基本满足之后，还将面临一个更艰难的问题——农民工应具有的

---

① 金三林：《农民工现状特点及意愿诉求——基于对 7 省市农民工的调查研究》，《经济研究参考》2011 年第 58 期。

② 刘林平、张春泥：《农民工工资：人力资本、社会资本、企业制度还是社会环境》，《社会学研究》2007 年第 6 期。

"城市性"问题，即社会文化层面的市民化问题。"城市性"是指一种生活方式，城市具有有别于乡村的一整套社会与文化特质。对农民工而言，即使他们的经济生活达到了一般市民的水平甚或更高，但如果他们仍然保持原有的乡土文化特性，也会显得与城镇社会格格不入。其"城市性"的获得一方面取决于农民工的城市适应能力和城市对其的可容纳程度，即实践过程；另一方面，也是更重要的，是要靠自身素质的不断提高，即学习过程。因此，农民工自身素质条件的提高在一定意义上也决定了其在社会文化层面的市民化。

（三）社会歧视

社会学认为，歧视是指相同的人（事）被不平等地对待或不同的人（事）受到同等的对待。歧视包括劳动力市场歧视和非市场歧视。劳动力市场歧视即因市场的不完美（不完备的知识、资源的非流动性、不完全竞争）造成的经济歧视。现代劳动经济学认为，当雇主为既定生产率特征所支付的价格依据人口群体的不同而表现出系统性差别的时候，就可认为在劳动力市场上存在歧视，具体反映为职业选择受到直接的限制或既定人力资本获得较低的报酬。非市场歧视是因人类的不完美（社会制度固有的偏见与歧视、传统等级观念和社会意识、缺失公正的社会道德、部分人所持有的歧视偏好等），非市场歧视亦即社会歧视。

我国受歧视最为严重的群体就是工作、生活在城市的农民工群体。在计划经济时期，由于偏重工业的国家经济发展战略以及长期的城市中心主义制度，中国形成了根深蒂固的对农民阶层歧视的社会意识。时至今日，这一潜于正统主流意识形态之下的恶习仍在发酵，特别当大量农村流动人口进入城市时，这一恶习更加明显。作为农村户籍的农民工，一方面要面对来自城市资产者的雇用歧视、工资歧视、劳保歧视、劳动时间和环境歧视等；另一方面，还要面对来自城市市民阶层的社会歧视与排斥。

一直以来，城市市民对计划经济体制通过剥夺农民而提供给他们的种种好处留恋有加，以致那种特权意识和身份上的优越感在他们身上沉淀成了一种社会惯习，在城市中农民工经常被市民排斥在城市的文化、价值观念、生活方式之外。根据史清华等人进行的社会调查，75.52%的被调查农民工明确表示在打工过程中曾遭遇歧视①，这反映了大部分城市市民并不能平等对待农民工。而作为城市管理者，因农民工给城市管理带来的负面影响，再加上城乡对立、城乡分治的思想观念，他们对农民工的偏见可能会更深，因此在心理和行为上可能对农民工市民化更为抵触。社会的歧视和排斥造成的后果是农民工的期望在心理上不能获得认同，在情感上找不到归宿。

通常情况下，角色的转换通过个人努力就能够完成，而身份的转变则需要制度与社会的认同。但是在城市中，农民工的身份仍然未被户籍制度认可，仍然未被市民认同，生存权益也被有关制度安排所排斥，从而造成了农民工角色转换与身份转换的分离。② 1997年零点调查集团在持续三年对京沪汉等地外来人口的调查中，发现2/3的外来务工经商人员表示他们不敢也不愿与城里人交朋友。这说明农民工因普遍的社会歧视形成了社会认同的"内卷化"趋势，使得他们在心理和文化上与城市产生了隔阂。

从表象上看，农民工融入城市社会最直接的阻碍是户籍制度，它造成了农民工身份、职业和角色的分离。但从更深层次看，作为非正式制度的社会歧视也阻碍了农民工与城市社会的认同和靠拢，这种社会歧视不仅来自于一般的城市居民群体，有些甚至是政府以文件形式规定下来，从而转化为区域制度性歧视。③

（四）社会资本匮乏

在众多研究中，农民工社会资本匮乏被认为是阻碍其市民化的一个重要因素。社会资本是指蕴含于社会网络关系、社会组织和社

---

① 史清华、卓建伟、郑龙真：《农民外出就业及遭遇的实证分析》，《中国农村经济》2004 年第 10 期。
② 朱力：《论农民工阶层的城市适应》，《江海学刊》2002 年第 6 期。
③ 梅金平：《不确定性、风险与中国农村劳动力区际流动》，《农业经济》2003 年第 6 期。

会制度中，能够为人们所利用的各类社会资源。① 从一般意义上看，社会资本可分为初级的社会网络关系、社会组织资本和制度型社会资本。社会网络关系是人作为社会人应具有的基础，主要包括个体与个体或与初级社会族群之间的交往关系，以及依个体偏好、兴趣等建立的关系网络。作为社会人，往往会参与到一定的各类正式组织之中，当个体遇到问题和困难时，往往可以借助于组织的力量得到更好的解决。初级的社会网络关系和社会组织资本往往相互交织、相互渗透。社会组织资本从一定意义上决定着个体的社会地位，是促进社会网络关系升级的基础。作为降低人们交往不确定性的一种社会规范，制度是社会结构的重要组成部分。制度是社会的博弈规则，定义和限制了个人的决策集合（诺斯，1990）。有了制度的参与，组织成员关系有序化将成为可能。从这个意义上讲，制度是一种最重要的社会资本。

已有研究表明，农民工社会资本是其在城市中赖以生存和发展的重要资本。② 农民工边缘性地位与其社会资本的占有状况具有高度相关性。③ 农民工在城市建构的社会网络规模越大，其在城市获取的资源就越多。④ 但是目前农民工社会资本的拥有状况总体表现为：除拥有低层次的初级社会网络关系外，组织和制度资本相当缺乏，从而使其融入城市变得十分艰难。

从农民工的初级社会网络关系看，主要是依血缘、亲缘和地缘情感建立的"农村圈"。其基本特点是：网络规模小、网络密度和同质性高、网络结构单一、位差低、网络资源嵌入少等。⑤ 传统的"熟人"网络作为最初级、最便利的"强联系力量"，成为农民工社会活动的主要依靠力量，绝大多数农村流动人口走出农村、进入

① 赵立新：《城市农民工市民化问题研究》，《人口学刊》2006 年第 4 期。
② 单菁菁：《农民工的社会网络变迁》，《城市问题》2007 年第 4 期。
③ 刘传江、周玲：《社会资本与农民工的城市融合》，《人口研究》2004 年第 5 期。
④ 曹子玮：《农民工的再建构社会网与网内资源流向》，《社会学研究》2003 年第 3 期。
⑤ 王毅杰、童星：《流动农民社会支持网探析》，《社会学研究》2004 年第 2 期。

城市就是通过这一网络关系实现的①，同时也使得农民工在城市的社会网络关系往往局限在农民工群体内部，这就决定了农民工社会关系资本的弱势性。② 人际网络关系的差异，直接影响个体获取资源和发展机会。跨区域流动到城市的农民工一方面损失了原有农村社区的社会关系网络，另一方面由于在城市居住分布的边缘性、与城市居民交往的局限性及社会经济地位的底层性，在所在城市结成的新的社会关系网络仍属最低层次，其质量较低、异质性较差，难以为农民工提供在城市向上流动的机会。

从农民工所拥有的社会组织资本看，仅表现为单一的"单位"，如打工的工厂、小作坊等，甚或不隶属于任何社会正式组织，如临时工、流动商贩等。大多数农民工在加工业、建筑业、服务业等行业就业，这些农民工的社会组织关系往往仅限于自己工作的企业，并且往往处于企业的最底层。显然，这样的社会组织资本对农民工在城市的发展作用不是太大。还有相当数量的农民工处于无单位的临时流动就业状态，对于他们而言，实际上就不存在社会组织资本。另外，城市的各种社会组织均没有涵盖农民工，使其成为"无归属群体"，缺少组织协调的农民工既不能参与城市的资源分配，也不能有效地维护与保障自己应有的社会权益，从而使农民工始终徘徊在城市与农村之间的边缘地带。

从农民工所拥有的制度型社会资本来看，由于国家正式制度对农民工的排斥，以及非正式制度的社会歧视，使得农民工所拥有的社会制度资本基本缺失或缺乏效力。当前农民工社会制度资本匮乏的重点在于农民工权益保障难题。要保障农民工权益，最重要的是要赋予农民工相应的权利资本，即由国家法律制度赋予其参与城市社会生活、获得相应社会福利与保障的资格。当下农民工的"市民权"就呈现出"应然权利"法定化的滞后、"法定权利"转变为

---

① 李培林：《社会生活支持网络从单位到社区的转变》，《社会转型与社区发展——社区建设研讨会论文集》，2001 年，第 53—55 页。

② 方小斌：《农民工市民化的变量与路径》，《求索》2009 年第 8 期。

"实然权利"困难的局面。① 近年来中央政府相继制定了一系列维护农民工权益的法律法规，但令人遗憾的是，这些法律制度一方面满足不了农民工市民化进程的客观需要，另一方面在具体实施过程中扭曲变形，行政不作为，甚至是相反，真正为农民工服务并推动农民工市民化的"责任政府"体系远没有真正建立起来。司法难作为，甚至无能为力，当农民工一些正当权益遭受侵犯后，由于司法救济能力不足，农民工又无能力支付维权诉讼成本，特别是对一些政策性侵权行为农民工更是无能为力，司法机构往往也只能听之任之。

（五）制度变革成本巨大

制度变迁理论认为，制度变迁的实现是基于成本与收益比较的结果，只有当制度变革的收益大于成本时，制度变革才可能发生。制度变迁可分为强制性制度变迁和诱致性制度变迁。回顾当代中国30多年的改革历程，总是以诱致性制度变迁为主兼有强制性制度变迁，即所谓改革的渐进性。这一进程的特点可描述为：当某种新制度具有比旧制度更高的潜在收益时，就产生了制度需求。至于制度变迁最终能否实现，还取决于制度供给方（中央政府）的权衡及"次级行动集团"（地方政府及官僚）的态度。制度供给方的权衡往往是基于国家宏观层面制度收益与成本的比较，而"次级行动集团"的态度关键在于制度需求方与其利益是否具有一致性。若这一制度变迁能给"次级行动集团"带来更多利益（包括非正当利益），则这一诱致性制度变迁就会顺利实现；反之，可能终止。当前，农民工市民化进程缓慢的一个重要原因，就是这一制度变革成本太大。

由前述分析可见，户籍制度、就业制度、社会保障制度、农村土地制度等二元体制改革的滞后，是目前农民工市民化进程缓慢的根本原因，但对这一根本原因之后的考量，就是改革这些制度需要付出的社会成本。从人口城市化角度，据中科院可持续发展战略研

① 段学芬：《农民工的城市生活资本与农民工的市民化》，《大连理工大学学报》（社会科学版）2007年第3期。

究院测算（2005），新增一个城市人口政府需支出的最低投入约为
2.5 万元。[①] 而据萧鼎光（2006）的研究，新增一个城市人口，小
城镇需要 2 万元，中等城市需要 3 万元，大城市需要 6 万元，特大
城市需要 10 万元。从农民工市民化角度，据陈广桂（2004）的研
究，超大城市农民工市民化的人均社会成本约 2 万元，大城市与中
等城市约为 1 万元，小城市（镇）约为 0.5 万元。据唐踔（2010）
测算，每进入城市 1 人，需要个人支付成本为 1.45 万元/人，公共
支付的成本为 1.05 万元/人，总计转变一个农民为城市居民平均需
支付的社会总成本为 2.5 万元/人。虽然以上研究视角不同，研究
结果有相当大的差异，但当面对数量巨大的农村流动人口或农民工
时，其市民化所需的由政府承担的成本将是巨大的。正因为如此，
中央政府可能认为，中国作为一个发展中国家和一个正处于转型时
期的国家，现阶段基于生产力发展水平和对效率的需求，还没有能
力承受如此巨大的资金需求。而对作为"次级行动集团"的地方政
府来说，当然对农民工市民化存有天然的抵触，除非中央政府能有
巨额资金支持，显然就全国总体而言，这种可能是不存在的。因而
目前也就无法将农民工市民化作为现实目标，而仅仅作为一个表意
性概念。在具体行动中，只能采取渐进的、旁敲侧击的策略，在保
障农民工基本权利的基础上，通过实施"城乡一体化"战略，在小
区域（以城市为中心的行政区域）内渐次变革二元制度，从而为农
民工市民化所需的制度变革奠定基础。

三　农民工市民化与当今中国的结构转型

（一）农民工市民化与经济结构转型

从经济发展及结构变迁来看，改革开放 30 多年来，中国经济保
持了持续的高增长，年均增长率为 9.7%，经济总量迅速扩张，国

[①]　中国科学院可持续发展战略研究院：《2005 中国可持续发展战略报告》，科学出
版社 2005 年版，第 259 页。

内生产总值由 1978 年的 2165 亿美元增长到 2010 年的 33326 亿美元，成为全球总量第二大经济体。同时，经济结构也发生了巨大的转变，第一产业在三次产业结构中的比重持续下降，第二产业产值稳中有增，第三产业增加值不断提高，三次产业结构比例由 1978 年的 27.94∶47.88∶24.18 调整为 2010 年的 10.1∶46.8∶43.1。按钱纳里"工业化结构转换模式"推测，改革开放 30 多年的中国已经历了"初级产品加工阶段"（1978—1985 年）和"工业化中级阶段"（1986—1993 年）。1993 年，人均 GDP 达到 1090 美元，之后工业制造业持续快速发展，至 2009 年，人均 GDP 达到 3620 美元、霍夫曼系数为 0.4，由此可判断当前中国已处于"工业化高级阶段"，即工业化中后期阶段。在这一阶段，经济结构持续向好转型非常艰难：一方面中国经济增长将面临严峻的人口、资源和环境约束，另一方面将面临"中等收入陷阱"。

中国人口众多，人均资源有限，中国的工业化进程又是建立在资源密集型和劳动密集型产业基础上的。随着工业化进程的推进，中国的经济发展越来越受到资源和环境的严峻挑战，特别在中国外向型经济规模已十分巨大的情况下，随着国际市场竞争加剧及国际或地区经济不稳定因素增多，产业结构升级与可持续发展压力越来越大，迫切要求经济增长方式的转变。一方面产业结构的调整和升级需要劳动力素质及技能的不断提高，而作为国家产业工人主体的农民工队伍的素质及技能的提高；对这一进程具有重要意义。如果这一主体中的大多数人一直处于"候鸟式"的城乡流动状态，社会不容或不能为其提供一个稳定的生活工作之地，那么所谓的产业结构调整和升级将步履维艰。另一方面，长期的外向型经济发展战略已难以支持国家经济长期持续增长，迫切需要向以内需为主的发展战略转变。要实现这一转变，培育和扩大国内需求将是关键。当今在城市工作生活的农民工已达 2 亿之巨，农民工群体可谓"扩大内需"最需要关注的一大社会群体，同时他们的消费行为对扩大农村消费更具有示范效应。从收入层次看，他们的收入水平虽然处于城市低端，但又高于农业人口的收入水平；从消费倾向看，他们已倾向于城市消费；从城乡关系看，他们是联系城乡最直接的纽带。在此意义上而言，实现农民工市民化，对提高和扩大农民工群体消费、实现经济增长方式向内需为主转变具有十分重要的意义。但当前农业转移人口市民化进程的严重迟滞必然会影响到国家经济增长方式转变及经济结构转型的进程。

当一个快速发展的发展中国家进入中等收入发展阶段后，便有可能面临"中等收入陷阱"。所谓"中等收入陷阱"，指的是一个国家从低收入国家发展成为中等收入国家后，经济增长率出现回落，无法继续保持高速增长而长期陷于发展停滞或徘徊的状态。以现价美元计算，中国在2010年人均国民收入达到4260美元，刚好达到中等收入水平，迈入中等收入国家之列。从"二战"以后中等收入经济体的发展历程来看，超过3/4的没能实现进一步发展，一直在中等收入水平徘徊，甚至一些国家变得更加贫穷，仅有少数国家或地区成功迈过这一陷阱进入高收入或发达经济体行列，如日本、韩国、新加坡和中国台湾。[①] 从陷入"陷阱"的基本原因看，主要表现在四个方面：一是政治体制及制度创新不足，特别是官员腐败和官僚作风导致政府效力低下，这必然导致国家陷入"中等收入陷阱"；二是技术创新能力不足，不能通过稳定地提高效率来保持经济增长；三是经济发展失衡导致资源配置恶化和供需失衡，特别是收入分配失衡、地区发展失衡、投资和消费失衡；四是发展中对外部世界过度依赖，经济活动缺乏内在的稳定性。[②] 上述问题在现今中国可谓普遍存在且已具有一定的严重性，因而就未来中国的发展来看，跨越"中等收入陷阱"的挑战异常严峻。

从农民工市民化视角审视上述问题，迟滞的农民工市民化将进一步加剧以上问题。首先，当代中国工业化进程中所呈现出的农村劳动力流动和农民工市民化"非典型性"的根本原因在于二元分割的体制制度。从体制转型的角度看，中国渐进式的改革进程取得的成就仅仅是"外围突破"，计划体制所固有的维护基本利益格局的

[①] 史晋川、郎金焕：《跨越"中等收入陷阱"——来自东亚的启示》，《浙江社会科学》2012年第10期。

[②] 刘伟：《突破"中等收入陷阱"的关键在于转变发展方式》，《上海行政学院学报》2011年第1期。

体制和制度一直被继承和留存，对于长期形成的传统城市中心主义制度和农村边缘化制度依然未有根本性的改变，从而才有了有违常规经验的"非典型性"。如果任由这种"非典型性"长期存在，未来中国的发展陷入的不仅仅是经济层面的"中等收入陷阱"，极有可能是全面危及经济社会发展的"转型陷阱"①。在此意义上来说，农民工市民化问题不仅仅是一个社会经济问题，更是一个政治问题、道义问题；不仅考验当政者的执政水平，也考验着整个社会的公平正义程度。农民工市民化进程遭遇制度阻滞本质上就是"转型陷阱"的表现之一。陷入"转型陷阱"，必然陷于"中等收入陷阱"。其次，农民工市民化迟滞会严重影响国家产业结构升级及技术创新能力提升。成功跨越"中等收入陷阱"的几个经济体的经验说明，培育和提升技术创新能力、推进产业结构升级的关键是注重人力资源培养以及增加研发投入，其中，增强产业工人人力资本是一项重要的基础条件。农民工市民化进程迟滞不仅影响到当代农民工人力资本的提升，在更深远意义上已影响到代际或未来产业工人的素质。再次，从当前中国经济发展失衡看，巨大的城乡收入和消费差距是最主要的表现。"二元结构"不仅导致了巨大的城乡差别，也使得农民工与具有城市户籍的劳动人口在收入分配上存在较大差距，"同工不同酬"、"同时不同酬"等不公正现象普遍。因而，实现农民工市民化，不仅可增加农民工制度性收益、减少城乡往来迁徙成本，而且对平抑城市内部收入分配不公及提高农业劳动者收入等都有着积极作用。

（二）农民工市民化与社会结构转型

工业化进程中的城乡社会结构变迁是整个社会结构变迁的主

---

①　孙立平提出：中国现在需要警惕的不是所谓的"中等收入陷阱"，而是"转型陷阱"。"转型陷阱"指的是，在改革和转型过程中形成的既得利益格局阻止进一步变革的过程，要求维持现状，希望将某些具有过渡性特征的体制因素定型化，形成最有利于其利益最大化的"混合型体制"，并由此导致经济社会发展的畸形化和经济社会问题的不断积累。依笔者理解，孙先生之意应是：现今中国需要警惕"中等收入陷阱"，但首要之举是脱离"转型陷阱"。具体参见孙立平《"中等收入陷阱"还是"转型陷阱"?》，《开放时代》2012 年第 3 期。

线。从城乡社会结构变迁来看，随着以市场化为取向的国家经济体制改革的不断深化和工业化的快速推进，在计划经济时代形成的壁垒森严的城乡二元结构渐次松动，从而开启了当代中国规模宏大的农村劳动力非农化转移大潮。大规模的农村劳动力流动又进一步推动了城乡社会结构的大变迁，这一变迁集中反映在国家就业结构的提升和城市化水平的提高方面。中国三次产业的就业结构从 1978 年的 70.5∶17.3∶12.2 提升到 2010 年的 36.7∶28.7∶34.6，农业就业人口比重逐年下降，年均下降 1.02 个百分点。随着非农产业的发展，特别是大批民营企业、中小企业的发展，吸纳了大量农村人口向城市、小城镇转移，中国的城市化率从 1978 年的 17.92%提高到 2010 年的 51.3%，城市化水平不断提升。改革开放后的中国用 30 多年时间完成了发达国家百年的城市化进程。但在此进程中有两个问题值得关注：一是中国工业化和城市化长期存在的结构偏差问题；二是"半城市化"或"虚城市化"问题。

当代中国工业化和城市化长期存在的结构偏差问题，既有历史原因，也与改革开放以来国家农村劳动力流动政策往复调整，特别是近期以来国家对农民工市民化的迟疑态度有关。计划经济时期采取的重工业优先发展战略，使得国家整体上的产业结构与就业结构产生严重偏离，致使城市化步伐异常迟缓。从 1952 年到 1978 年的 27 年间，工业产值比重由 21.2%上升到 47.9%，年均增长 0.99%；工业劳动力比重由 7.4%上升到 17.44%，年均增长 0.37%；农业产值比重由 50.9%下降到 29.1%，年均下降 0.81%；农业劳动力比重由 88%降为 76.1%，年均下降仅 0.44%，产业结构与就业结构严重偏离。同期，城镇人口的比例由 10.6%上升到 17.9%，年均增长 0.27%，城市化基本处于停滞状态。[1] 改革开放终于开启了农村劳动力非农就业的大门，但在改革开放初期的 1979—1983 年，由于受"三严格"政策控制，农村剩余劳动力主要以"离土不离乡"的方式非农就业。1984 年以后，国家准许农民自筹资金、自理

---

[1]　刘爱玉：《城市化过程中的农民工市民化问题》，《中国行政管理》2012 年第 1 期。

口粮，进入城镇务工经商，"进厂又进城、离土又离乡"的农民工大量出现，每年以上百万的规模向城市流动。这一时期农业产值和农业从业人数比重明显下降，农业劳动人口非农化趋势明显加快。从 1993 年起，农村劳动力流动经 1989 年政治风波短暂沉寂后进入高潮，农民工数量急剧增长。从 1992 年至 1999 年间，三次产业结构的比例由 21.5：43.5：35.0 调整为 16.2：45.8：38.0，三次产业从业人员结构比例由 58.5：21.7：19.8 调整为 50.1：23.0：26.9，虽然下降速度呈减缓趋势，但就业人口结构变化仍然快于产值结构变化速度，人口城市化率也有了显著的提升，到 1999 年，中国人口城市化率达到 39%。[①] 进入 21 世纪以来，随着中国加入WTO，在"市场换技术"的战略指导下，中国成为"世界工厂"，大量农村劳动力进入城市成为产业工人，加速了我国工业化和城市化的发展。根据中国社科院《社会蓝皮书》显示，2011 年中国城市化水平首次超过 50%（以常住人口计算的城市化率），过去 11 年提高了 13%。从上述过程来看，改革开放以来的中国农村劳动力流动对促进国家工业和城市化发展、推动城乡社会结构变迁发挥了重要作用。同时，以上数据也反映出一个长期存在的结构偏差问题，即中国的工业化与城市化不同步现象：城市化总是迟滞于工业化发展水平和速度、迟滞于劳动力就业结构变化。由于城市化长期滞后于工业化发展水平，导致城市就业扩张力度及城市基础设施条件等不能与工业化水平相匹配，[②] 进而使得我国大量农村劳动力不能随工业化进程实现向城市的定居迁移，而只是大规模的漂泊流动，从而导致其市民化因缺乏基本的依托条件而严重滞后。

中国的城市化水平虽然有了很大程度的提高，但其中的"半城市化"或"虚城市化"问题严重。王春光（2005）认为，我国的"半城市化"表现相当突出。它包括两种情况：一种是没有被城市社会所完全接纳，另一种是不能适应城市社会。由于受到结构性和

---

①　李文涛、陈永杰：《中国人口城市化水平与结构偏差》，《中国人口科学》2001 年第 5 期。

②　王竹林：《农民工市民化的城市化困境及其战略选择》，《开发研究》2010 年第 4 期。

制度性因素的影响和制约，绝大多数农民工虽然进入城市，但是并没有被城市所完全接纳，一直处于"半城市化"状态。我国农民工的"半城市化"具体表现为"六化"：就业非正规化、居住边缘化、生活孤岛化、社会名声污名化、发展能力弱化、社会认同内卷化，且相互联系、相互影响、相互强化。正如许坤红指出，在原有社会结构没有根本改变的情况下，农民工被生硬地嵌入城市社会，使得其在实现现代性和转变为市民的过程中面临困境。[①] 农民工在从农村社会化向城市社会化的转移中存在着社会化缺失，[②] 他们与市民的社会距离呈现扩大趋势。陈丰提出，自 20 世纪 80 年代开始，越来越多的农民工逐渐进入城市，似乎已经城市化了，但实际上从享受城市文明、满足人的基本生存需求及各种不同层次需求的角度看，这一群体只是表面城市化，而非真正的城市化，即"虚城市化"。农民工"虚城市化"现象是指在我国城市化进程中，由于户籍制度以及依附其上的相关制度安排，农民工不能改变其农民身份，难以形成城市认同感和归属感而成为游离于城市之外的特殊群体的状况。当前农民工"虚城市化"现象主要表现在五个方面：职业与社会身份的不一致、农民工的合法权益得不到有效保障、农民工子女受教育不平等、就业与生存状况恶劣、缺乏城市社会的认同感和归属感。[③]

（三）农民工市民化与人口结构转变

从人口结构变迁来看，由于受新中国成立后国家人口政策变动以及非常规因素的影响，当代中国的人口结构演变呈现出非渐进性、非平稳性特点，从而使得人口结构与未来经济社会结构演变的融合问题变得异常复杂，其中最突出的问题在于由人口年龄结构断层所导致的一系列社会经济问题，特别是"未富先老"问题、劳动力结构问题、劳动力供给进入"刘易斯转折点"问题等，这将成为

①　许坤红：《现代性与农民工的市民化》，《现代商业》2007 年第 17 期。

②　程亮、郭剑雄：《农民工的市民化问题探微》，《中北大学学报》2005 年第 1 期。

③　陈丰：《从"虚城市化"到市民化：农民工城市化的现实路径》，《社会科学》2007 年第 2 期。

今后相当时期内困扰中国社会经济发展的突出问题。

老龄化、劳动力年龄结构变化以及劳动力供给进入"刘易斯转折点"等问题，将与已经十分复杂的中国经济社会结构转型问题相重叠，使各类结构性矛盾更为棘手，如劳动力供给结构不能适应需求结构的变化，人口老龄化带来的养老、医疗卫生、社会保障压力问题，人口红利消失对增长的压力，等等。这些因人口结构转变带来的一系列问题，使得加快农民工市民化进程变得更为迫切。

首先，从应对老龄化来看，关键是要选择一个具有可持续性的养老保障模式。从人口老龄化趋势越来越严重的态势看，当前我国养老保障普遍采取的现收现付制将面临可能的支付危机，必须向完全的个人积累制过渡，这就要求趁早对仍具有较长劳动年龄且收入相对稳定的人群建立这一制度。当前在城市工作的农民工已有 2 亿多人，且 60% 为新生代农民工，若通过加快农民工市民化进程，逐步将这部分人纳入城镇养老保障体系，同时实行完全的个人积累制，这对解决农业转移人口未来的养老问题、缓解整个社会未来的养老压力有着重要意义。而若继续任由农民工候鸟般地流动，错失时机，未来中国陷入的不仅是"未富先老"，还可能是"老而无养"。

其次，从应对劳动力年龄结构变化以及劳动力供给进入"刘易斯转折点"来看，虽然上述人口结构变化具有难以改变的"先置性"，但应对的关键措施只有一点，这就是改善人口素质结构。与经济结构转型相联系，为适应劳动力供给结构性短缺问题，传统的建立在劳动密集型产业基础上的发展模式须向技术密集型转换，而要实现这一转变，改善劳动力素质结构成为关键。正如前文所言，不改变当前农民工候鸟般的流动就业状态，要提高作为产业工人主体的农民工的人力资本水平很难。还有当前农民工子女的教育问题，在更深远意义上会造成未来人口素质结构改善的困难。

再次，与社会结构转型相联系，城市户籍人口的自然增长率已降至很低甚至在一些城市已为负增长，而城市劳动力供给增长主要依靠农村劳动力迁移。在此意义上，长期工作生活在城市的农民工若不能实现其市民化，城市甚至在道义上产生对农民工"用后弃之"的恶劣社会意识，必将影响其人口的可持续发展，还将对未来中国社会由"二元"向"一元"转化带来严重影响。

四　基本结论

由以上分析可见，农民工市民化问题是在国家经济、社会、人口结构全面转型过程中遭遇的重大难题之一，是在这一过程中因二元体制根深蒂固、城市化发展战略偏差、制度依赖严重及人口结构转型压力共同形成的结果。

首先，从劳动力流动进程来看，国家政策对农村劳动力流动控制的渐次松动，对农村劳动力流动产生着巨大影响，从而形成了规模空前的农村劳动力流动，但由于我国二元结构的特殊性，使得当代中国的农村劳动力流动呈现出"非典型性"特征，也孕育了农民工市民化问题。一般经验意义上的农村非农人口的"自然"市民化在当代中国遭遇阻滞，"农民工市民化"问题凸显于农村劳动力流动的潮涌之中。从国家工业化和城市化进程来看，当代中国走了一条工业化与城市化相偏离、与农民非农化相脱节的道路。工业化被限制在城市的范围内独立运行，工业化并没有带动农村的繁荣和改善城乡分割、相互封闭的关系。同时城市化长期滞后于工业化发展水平，没有带动农村人口向城市的定居迁移，而只是大规模的漂泊流动。由于大多数农村流动人口无法实现真正意义上的城市化，也导致其市民化因缺乏基本的依托条件而严重滞后。

其次，农民工市民化问题是当代中国经济结构转型过程中发生的一个独具"中国特色"的重大社会经济问题。农民工市民化的进程被严重阻滞，分析其原因主要有：一是以户籍制度为核心的一系列僵化的、不公正的社会制度安排，这是农民工市民化的主要障碍。由户籍制度派生出的城市就业、社会保障、教育、住房等制度都将农民工排斥在城市资源配置体系之外，它对农民工市民化的影响可谓是全方位的：城市就业制度直接导致了劳动力市场分割，种种歧视性规定不仅限制了农民工就业选择及发展的机会，而且使得农民工群体的经济收入处于城市最低层，使其经济层面的市民化进程受阻；城市社会保障制度将农民工排斥在外，不仅加大了农民工在城市就业生活的各种风险，而且加大了农地保障功能；城市教育制度将农民工子女排除在正规教育资源之外，不仅影响农民工在城市的就业和生活，造成各种复杂的社会问题，还会产生影响更为久远的"弱势的代际遗传"问题；就农村土地制度来说，由于缺乏明确的土地所有权及交易权，导致进城农民工的土地财富难以转化为资本财富，同时潜在的土地价值进一步增加了进城农民工的"惜土情结"。二是农民工自身禀赋条件的限制，这是阻碍其市民化的又一重要因素。这集中反映在以下几个方面：农民工科技文化素质低、技能缺乏，致使其城市生活能力严重受限；思想观念和心理素质差、农村生活习性顽固，致使其与城市社会文化融入困难；非人力财富十分匮乏，阻碍了其在城市的进一步发展。三是根深蒂固的社会歧视。对农民工的歧视是国家长期实行城乡分治的结果，从而形成了"农民"和"市民"在经济福利和社会地位上的巨大差异，也潜移默化地造就了根深蒂固的歧视性社会意识。它不仅造成了农民工身份、职业和角色的分离，也在更深层次上阻碍着农民工与城市社会的融入。四是社会资本匮乏。农民工仅具有低层次的初级社会网络关系，在社会组织资本和权利资本方面十分缺乏，这也在相当程度上阻碍着其市民化进程。五是巨大的制度变革成本，致使各级政府特别是城市政府对农民工市民化心存顾虑，很难从根本上或整体上有所作为，有的仅是谨慎的"选择性激励"。

最后，当今中国正面临结构转型的严峻挑战。从经济结构转型看，当前中国已处于"工业化高级阶段"，经济结构持续向好转型非常困难，将面临严峻的人口、资源和环境约束以及"中等收入陷阱"；从社会结构转型看，由于城市化长期滞后于工业化，加之制度约束导致的"半城市化"问题严重，城乡差距缩小及城乡社会结构融合面临重重困难；从人口结构转变看，由于特殊的人口转变所导致的一系列社会经济问题，如"未富先老"、劳动力年龄结构问题、劳动力供给进入"刘易斯转折点"等，将成为困扰中国社会经济发展的突出问题。农民工市民化既是结构转型的重要内容，也是影响结构转型的重大问题。无论是扩大内需、实现经济增长方式的转变，还是提高劳动力素质、实现产业结构升级，无论是加快城市化建设、实现工业化与城市化协同发展，还是统筹城乡发展、实现城乡社会融合，无论是应对"未富先老"、解决未来中国的养老难题，还是应对"刘易斯转折点"，顺利渡过劳动力供给难题，这些都迫切要求加快农民工市民化进程。

第五章

基于代际比较的新生代农民工
流动特征及趋势[*]

一 引言

20 世纪 80 年代中期以来，我国农村劳动力大规模进城务工，农民工的数量迅速增长，2012 年全国农民工总量为 26261 万人（国家统计局，2013）。在农民工总量不断上升的同时，伴随着中国人口转换、经济结构转型、体制转型，农村流动者内部产生了明显的代际分化，形成了典型的两代农村流动者。[1] 他们在资源禀赋和流动行为上表现出明显的差异，并且这种差异随着社会经济的发展呈现出新的态势和新的特点。

国内关于两代农村流动者的差异的研究有很多，并且主要集中在新生代流动者的特征与流动趋势问题方面。进入 21 世纪之后，农村流动人口已经出现代际的变化，他们在流动的动机以及其他许多社会特征上存在差异，从而提出了"新生代农村流动人口"的概念（罗霞、王春光，2003）。有学者指出，改革开放以后出生的年轻的农村流动者和计划经济时代成长起来的年长的农村流动者，这两部分亚群体在文化、观念和行为上存在显著差别，并提出了第一代农村流动者和第二代农村流动者的概念（刘传江、徐建玲，2006）。也有学者基于甘肃省 10 个样本村的抽样调查发现，新生代流动者以年轻化、知识化特征明显，流动趋向于跨区域、远距离和

---

* 本章原文发表在《开发研究》2014 年第 2 期。

[1] 本章主要以出生年份为界限，将出生在 1980 年以前的流动者划分为第一代流动者，将出生在 1980 年及以后的流动者划分为新生代流动者。

长时间外出，较多关注个人权益的保障、城市社会融入和身份认同（张永丽、黄祖辉，2010）。此外，生活压力的变化和个人权利意识的增强对他们的社会态度和行为取向有很重要的影响（李培林、田丰，2011）。

　　总体来说，一方面由于新生代农民工的流动特征在不断发生着变化，另一方面由于相关统计资料的缺乏，对这一庞大群体的研究还相当有限，特别是对其流动特征的动态演变的关注和研究还很不足。

　　为研究农村劳动力资源禀赋及流动行为的代际差异，笔者以前述四次入户调查资料为基础，筛选出有外出劳动力农户为样本总体，并区分出第一代流动者样本户和新生代流动者样本户，进行代际比较分析。有关样本情况见表5—1。

表5—1　　　　　　　　　　样本情况　　　　　　　　　　单位：户

项　　目 ＼ 年份	2007	2008	2010	2013
总户数	871	306	697	603
有外出劳动力的调查户数	729	233	644	430
第一代流动者的调查户数	405	131	363	265
新生代流动者的调查户数	324	102	281	165

二　两代流动者的资源禀赋差异

（一）个体特征及禀赋的代际差异

　　两代流动者的个人特征与个人资源禀赋是他们行为选择的基础（张永丽、柳建平，2010）。总的来看，两代流动者的个人特征和个人资源禀赋正在发生显著变化。

　　自20世纪90年代末，随着城镇化过程中农村男性劳动力的大规模外出流动，出现了农业劳动力女性化现象。这种"男工女耕"的分工模式把农村妇女推向了农业生产主力军的位置。表5—2显示两代流动者主要是男性流动者，但新生代流动者中女性比例明显增加。在2013年，新生代流动者中女性比例比第一代高9.93%，并且具有进一步提高的趋势，说明农村妇女特别是年轻女性脱离农业、农村的倾向大幅度提高。从年龄结构上看，在2013年，第一代流动者的平均年龄为44.09岁，属于中年劳动力；新生代流动者的平均年龄为24.53岁，年轻化趋势明显。从平均受教育年限看，两代流动者的受教育年限都在逐年增加，其中第一代流动者大致为7年；而新生代流动者接近九年义务教育的水平，明显高于第一代流动者，但由此看出他们中仍有一部分人没有完成国家规定的九年义务教育就外出打工。从婚姻状况上看，第一代农村流动者以已婚为主；新生代以未婚为主。两代流动者的外出打工年数在逐年增加，在2013年，第一代平均外出打工17年之久；而新生代还不到5年，可见第一代流动者的打工经验远多于新生代。农村流动者占其年龄段劳动力的比重[①]反映两代流动者外出打工的比例，数据显示，第一代流动者外出打工的比例逐渐减少，而新生代流动者外出打工的比例逐渐增加且远高于第一代。

表5—2　　　　农村流动者个人特征与个人资源禀赋　单位:%、岁、年

个人资源禀赋	代别 年份	第一代流动者				新一代流动者			
		2007	2008	2010	2013	2007	2008	2010	2013
性别	男	91.38	88.65	79.83	81.15	73.02	73.49	74.36	71.22
	女	8.62	11.35	20.17	18.85	26.98	26.51	25.64	28.78
平均年龄		40.09	40.63	41.27	44.09	22.04	22.84	23.37	24.53
平均受教育年限		6.72	6.99	7.38	6.97	8.43	8.45	8.89	9.06
男性已婚比例		95.88	96.23	99.23	98.5	33.06	31.26	28.35	46.97

[①]　本章认为劳动力的年龄从18岁到60岁。

续表

个人资源禀赋	代别	第一代流动者				新一代流动者			
	年份	2007	2008	2010	2013	2007	2008	2010	2013
女性已婚比例		88.54	81.73	90.32	100	11.5	11.58	16.26	25.01
平均外出打工年数		13.83	14.77	15.21	17.03	4.13	4.65	4.68	4.86
占其年龄段劳动力的比重		—	—	33.58	32.23	—	—	39.75	41.07

　　综上所述，新生代流动者的最显著的特征是女性比例明显增加，受教育水平明显提高，以未婚为主，打工经验少且外出倾向很高。

（二）家庭特征及禀赋的代际差异

　　家庭特征与家庭资源禀赋一直以来都是影响农村劳动者是否外出的主要因素。家庭特征与家庭资源禀赋主要包括家庭耕地资源、家庭人口及就业结构和家庭收入状况。

　　西北地区最大的地理特征是山高坡陡，干旱少雨。水浇地的多少不仅意味着家庭农业生产条件的优劣，也说明了家庭地理位置的相对优越性。从表5—3可看出，第一代流动者家庭人均耕地面积较少且主要是干旱山区，家庭耕地资源稀缺、劳动力资源过剩是他们外出的主要因素；而新生代流动者家庭人均耕地面积和人均水浇地面积远多于第一代，说明新生代流动者家庭的耕地面积和耕地质量都比第一代高，他们的流动行为与家庭耕地资源的相关性开始减弱，流动动因发生了转变。

表5—3　　　　　　　　农村流动者家庭耕地资源　　　　　　单位：亩

耕地资源	代别	第一代流动者				新一代流动者			
	年份	2007	2008	2010	2013	2007	2008	2010	2013
人均耕地面积		1.25	1.66	2.20	2.16	1.40	2.47	2.36	3.42
水浇地		0.30	0.13	0.33	0.17	0.35	0.15	0.53	0.62

续表

耕地资源 \\ 代别 \\ 年份	第一代流动者				新一代流动者			
	2007	2008	2010	2013	2007	2008	2010	2013
平地	0.32	0.52	0.63	0.90	0.45	1.11	0.99	1.56
山地	0.63	1.02	1.24	1.06	0.60	1.21	0.84	1.22
其他	0.00	0.00	0.00	0.04	0.00	0.00	0.00	0.02

户主的年龄、户均劳动力人数及就业结构是家庭的重要特征，也是影响劳动者外出的主要特征。表5—4显示，在2013年，虽然两代流动者家庭户主的平均年龄都约为46岁，但第一代流动者中自己是户主的占83.83%；新生代流动者中自己是户主的占17.47%，从而拉低了新生代流动者家庭户主的平均年龄。两代流动者的户均人数有所减少，在2013年都为4.52人，说明农村流动者的家庭规模在逐渐缩小。而两代流动者的户均劳动力人数小幅增加，且新生代流动者家庭的户均劳动力人数在近几年一直略高于第一代，在2013年达到3.67人，这是因为新生代流动者也开始工作，所以他们家庭中有更多的劳动力。在家庭劳动力资源配置上，两代流动者家庭中的打工人数在近几年有所减少而务农人数和非农经营人数有所增加，说明农村的农业和非农产业有了一定的发展，可能和外出打工过程中的资本积累相关，也可能和农村近几年经济发展水平提高相关。

此外，第一代流动者家庭中除了兼业人数比新生代略高之外，其他人数均比新生代低，说明家庭人口演变周期形成的家庭结构对劳动力外出及其特征有很大影响。根据本章的研究目的和家庭生命周期理论，将流动者的家庭结构分为三类：把没有子女的家庭划为年轻夫妇家庭；把子女年龄在20岁以下的家庭划为成长中的家庭；把子女年龄在20岁以上的家庭划为成熟的家庭（林善浪、张作雄、林玉妹，2011）。由两代流动者的平均年龄可以推算第一代流动者所在的家庭属于成长中的家庭，正是所谓的"上有老，下有小"，他们有着抚养子女、赡养老人的家庭责任又要通过打工补贴家用，使他们多数是打工、种地两不误，兼业化特征明显；而新生代流动者所在的家庭属于成熟的家庭，他们的父母大多在家附近就业并赡养家中的老人，使他们能够专心地外出打工。

表 5—4　　　　　　　　农村流动者家庭人口及就业结构　　　单位：岁、人

| 人口就业结构 | 代别
年份 | 第一代流动者 | | | | 新一代流动者 | | | |
		2007	2008	2010	2013	2007	2008	2010	2013
户主平均年龄		43.02	43.16	43.28	45.95	46.71	46.98	46.32	45.91
户均人口		5.12	4.62	5.04	4.52	5.1	4.7	4.88	4.52
户均劳动力人数		2.76	2.61	3.29	2.89	3.25	3.18	3.91	3.67
就业 结构	打工人数	1.34	1.19	1.59	1.04	1.56	1.52	1.82	1.29
	务农人数	1.07	0.98	1.16	1.24	1.31	1.16	1.52	1.83
	非农经营人数	0.14	0.15	0.21	0.19	0.18	0.22	0.25	0.24
	兼业人数	0.21	0.29	0.33	0.42	0.2	0.28	0.32	0.31

　　家庭的人均收入是家庭经济状况的核心特征。表 5—5 显示，两代流动者家庭的人均收入逐年快速增长，分别从 2007 年的 1796.03 元和 1805.50 元攀升到 2013 年的 9720.89 元和 12052.12 元。家庭人均收入的快速增长主要源自家庭人均打工收入的快速增长，这是由"民工荒"的出现使农村流动者的工资整体大幅度提高所导致。农村流动者的打工收入已经成为流动者家庭收入的最主要部分。此外，新生代流动者家庭的人均收入比第一代高，差异主要来自农业收入的较大差异：到 2013 年，新生代流动者家庭的人均农业收入已达 4301.25 元，比第一代高 2476.1 元。家庭的人均农业收入的差距可能来自两个方面，首先是新一代流动者家庭农业资源禀赋条件比第一代好，其次是新一代流动者家庭中务农人数比第一代高很多，说明多数新生代流动者家庭在农村从事着农业生产，他们的父辈是主要农业生产者，他们的外出没有对其家庭的农业生产造成明显的负面影响。但通过调查数据进一步发现，农村农业劳动者的平

均年龄为 48.45 岁，农村的老龄劳动者逐渐成为我国农业生产的主力军。随着他们日益退出农业生产活动，谁将成为新一代农业生产者是值得高度关注的问题。

表 5—5　　　　　农村流动者家庭的人均收入及收入结构　　　　单位：元

代别 年份 收入情况	第一代流动者				新一代流动者			
	2007	2008	2010	2013	2007	2008	2010	2013
人均收入	1796.03	3557.85	7108.88	9720.89	1805.5	5280.06	9642.51	12052.12
打工收入	1100	2167.05	5889.83	6520.1	955.95	2204.07	6583.33	6273.1
农业收入	512.33	1150.24	1089.34	1825.15	600.65	1556.69	1806.38	4301.25
经营收入	134.53	130.74	60.68	975.06	178.15	1259.41	1155.42	1044.4
其他收入	49.17	109.82	69.03	400.58	70.75	259.89	97.38	433.37

综上所述，新生代流动者家庭的最显著特征是家庭的耕地面积和耕地质量，户均劳动力人数，家庭的人均收入特别是人均农业收入都比第一代高。

（三）社会资本禀赋与求职途径的代际差异

农村流动者在流入地的社会资本禀赋有助于他们顺利外出务工并融入当地生活。[1] 表 5—6 显示，近 90% 的第一代流动者在流入地都有老乡、朋友或亲戚，这些社会资本自然是他们外出务工的主要途径；约 60% 的新生代流动者在流入地有老乡、朋友或亲戚，虽然他们也主要依赖这些社会资本外出务工，但他们对其他求职途径的依赖比第一代强，特别是招聘启事等市场信息。值得注意的是，两代流动者通过村委会等政府组织外出打工的比例都非常小。

---

[1]　本章将社会资本定义为外出流动者在流入地拥有的老乡、朋友或亲戚等熟人，将外出流动者的外出务工渠道分为使用社会资本、劳务中介、政府组织和招聘启事四种。

表5—6　　　　　　　农村流动者社会资本禀赋与求职途径　　　　　单位:%

社会资本禀赋及求职途径	代别 年份	第一代流动者				新一代流动者			
		2007	2008	2010	2013	2007	2008	2010	2013
社会资本禀赋	老乡、朋友	75.47	79.21	72.65	74.85	49.49	50.46	49.41	48.37
	亲戚	11.32	9.9	15.38	12.37	8.91	9.9	10.89	8.46
	无	13.21	10.89	11.97	12.78	41.6	39.64	39.7	43.17
求职途径	老乡、朋友或亲戚介绍	80.37	81.11	79.54	78.73	66.14	65.64	68.5	63.58
	劳务中介	5.11	3.78	3.09	9.7	6.43	7.49	8.25	11.73
	政府组织	1.05	1.39	2.06	2.24	2.17	2.2	2.17	1.85
	招聘启事	13.47	13.72	15.31	9.33	25.26	24.67	21.08	22.84

综上所述，新生代流动者在社会资本相对较少的情况下，更多地依赖招聘启事等其他求职途径外出打工。

三　两代流动者的流动行为差异

（一）流动动因

流动者的流动动因是流动行为的前提和基础，对流动行为的很多方面都产生深远影响。表5—7显示，两代流动者的流动动因虽然没有明显的趋势但差异明显：第一代流动者的流动主要为了供养家庭，而新生代流动者主要为了个人发展。具体地说，第一代流动者中选择"耕地太少"、"补贴家用"和"供孩子上学"这三项和供养家庭有关的流动动因的占60%以上，而新生代流动者选这三项的比例仅占35%左右。新生代流动者选择"学技术，长知识，锻炼自己"、"向往城市生活"和"更多、更好的就业和发展机会"这三项与个人发展有关的流动动因的占到近30%，而第一代流动者选这三项的仅占10%左右。值得注意的是，有近10%的新生代流动者把

"不懂农活，在家无事可干"选为自己的流动动因，可见有相当一部分新生代流动者很少甚至从未从事农业生产，没有务农的技能。

表 5—7 农村流动者流动动因 单位:%

流动动因 \ 代别 年份	第一代流动者				新一代流动者			
	2007	2008	2010	2013	2007	2008	2010	2013
耕地太少	14.79	15.52	12.2	12.08	5.45	4.92	3.26	2.05
还贷	1.56	2.87	2.85	3.76	4.35	3.14	2.63	2.34
补贴家用	34.24	34.48	31.71	30.74	26.57	25.42	25.97	20.58
供孩子上学	21.4	20.11	22.36	20.35	3.11	4.29	3.29	5.04
盖房或买房	1.95	2.31	2.03	1.84	2.48	2.52	5.26	7.74
学技术，长知识，锻炼自己	3.89	2.87	4.07	4.84	10.56	10.69	13.16	14.23
外出务工就有出息	3.5	2.87	3.66	3.13	5.59	5.66	5.92	5.83
使自己的技能有用武之地	2.33	2.31	2.44	2.13	3.73	3.77	3.95	4.2
向往城市生活	2.72	4.02	2.85	4.58	6.21	6.29	4.61	6.49
更多、更好的就业和发展机会	2.72	3.45	3.25	4.48	10.83	11.92	10.24	10.84
出来玩玩	1.95	1.72	2.03	1.87	3.11	3.14	3.29	3.09
打工比干农活收入高	5.45	6.32	6.91	7.73	8.7	8.81	9.21	7.38
不懂农活，在家无事可干	3.5	1.15	3.66	2.47	9.32	9.43	9.21	10.19

注:因为回答农村流动者流动动因这一问题时可以多选，而某个流动动因所占的比例=选该流动动因的流动者人数/流动者总人数，因此原始统计的各个流动动因所占的比例之和超过了100%。为了使统计结果具有可比性，这里将统计结果做了标准化处理，即标准化的某个流动动因所占的比例=原始的某个流动动因所占的比例/原始统计的各个流动动因所占的比例之和。本章后面对农村流动者择业标准和回寄款用途的统计也采用了类似的处理方法。

(二)择业标准

流动者的择业标准是流动者流动动因和就业观念的最直接反映。表 5—8 显示，"高收入"是两代流动者最注重的择业标准，但

两代流动者把"高收入"选为自己择业标准的比例在逐年减少且第
一代流动者比新生代高。"有保障"已经成为两代流动者第二重要
的择业标准，且其比例在逐年增加，第一代流动者比新生代略高。
值得注意的是，新生代流动者把"轻松舒适"选为自己择业标准的
比例比第一代高很多。此外，新生代流动者把"有发展前途"和
"自己喜欢"选为自己择业标准的比例也分别比第一代略高，而第
一代流动者把"能获得尊重"选为自己择业标准的比例比新生代
略高。

表 5—8　　　　　　　　　**农村流动者择业标准**　　　　　　　单位:%

择业标准＼年份代别	第一代流动者				新一代流动者			
	2007	2008	2010	2013	2007	2008	2010	2013
高收入	58.62	56.07	52.41	51.27	50.73	48.06	46.47	44.11
有保障	8.74	10.61	13.44	19.92	13.54	14.48	15.53	17.6
轻松舒适	4.61	4.67	5.79	4.71	11.61	10.61	11.77	13.4
有发展前途	12.28	12.02	11.7	11.63	12.43	13.3	12.81	13.4
能获得尊重	6.41	6.35	5.26	4.43	3.67	3.54	2.89	1.44
能从中学到知识、技术	6.48	6.35	6.74	2.77	4.28	4.15	4.77	3.83
自己喜欢	2.87	3.93	4.65	5.26	3.74	5.87	5.75	6.22

（三）技术水平和打工行业

农村流动者的技术水平和打工行业是密切相关的。农村流动者
的技术水平很大程度上决定了农村流动者的打工行业，而农村流动
者在打工中很可能提高自己的技术水平。

表 5—9 显示，首先，两代流动者在打工前有技术的比例较低但
有所增加，在 2013 年分别达到 43.73% 和 29.63%，第一代流动者
在打工前有技术的比例比新生代高 14.1%，很可能是由于第一代流
动者在早期积累了打工经验和技术。其次，两代流动者在打工中使
用了原有技术的比例也有所增加，在 2013 年分别达到 97.39% 和

95.83%，说明有技术的流动者几乎都在其技术对应的行业打工，实现了学以致用。最后，两代流动者在打工中正在学或学到了技术的比例在 2013 年分别增加到 77.74%和 79.88%，说明有越来越多的流动者在打工中提高了自己的技术水平。

表 5—9   **农村流动者的技术水平**   单位:%

代 别 技 术 水 平　　　年 份	第一代流动者			新一代流动者		
	2008	2010	2013	2008	2010	2013
打工前有技术	26.36	18.73	43.73	22.83	16.28	29.63
打工中使用了原有的技术	76.47	69.49	97.39	90.48	71.43	95.83
打工中正在学或学到了技术	51.94	71.01	77.74	60.64	71.08	79.88

两代流动者由于技术水平低和劳动力市场不完善等因素的影响，主要在城市非正规部门就业，并以劳动密集型产业为主。表 5—10 显示，两代流动者的打工行业以服务业、建筑业和制造业为主，且两代流动者在服务业和建筑业的就业比例逐年增加，在制造业的就业比例逐年减少。两代流动者在各种打工行业的就业比例之间差异较大：2013 年，新生代流动者在服务业的就业比例比第一代高 9.02%，在制造业的就业比例比第一代高 7.75%，在建筑业的就业比例比第一代低 18.85%，在采矿业的就业比例比第一代低 3.5%。这说明新生代流动者与第一代相比往往不愿接受太危险、太劳累和太辛苦的工作，所以流向工作条件相对较好的服务业或制造业等。此外，新生代流动者在技术行业和管理行业的就业比例均比第一代高，说明他们在就业层次和就业地位上比第一代有所提高。

表 5—10   **农村流动者打工行业**   单位:%

代 别 打工行业　　　年 份	第一代流动者				新一代流动者			
	2007	2008	2010	2013	2007	2008	2010	2013
服务业	18.56	20.74	21.09	21.6	24.12	25.38	27.47	30.62

续表

代别 年份 打工行业	第一代流动者				新一代流动者			
	2007	2008	2010	2013	2007	2008	2010	2013
建筑业	34.1	35.53	38.01	46.6	18.54	18.37	23.18	27.75
制造业	27.12	22.83	19.01	12.35	34.32	33.95	26.59	20.1
采矿业	6.25	5.52	4.62	4.94	2.79	2.52	1.86	1.44
技术行业	9.96	10.95	11.96	9.57	13.84	13.58	14.62	13.88
管理行业	2.13	2.94	3.93	3.7	4.47	4.82	5.15	4.78
其他	1.88	1.49	1.38	1.24	1.92	1.38	1.13	1.43

注：抽样数据中的服务业、建筑业、制造业、采矿业的从业人员仅包括从事简单劳动的从业人员，不包括技术人员和管理人员。

（四）权利保障

权利保障是两代流动者共同关注的重点问题之一，也是影响就业行为的重要因素。表5—11显示，两代流动者在打工过程中的权利保障水平都有所提高，且新生代流动者的权利保障水平比第一代高一些。首先，两代流动者中有劳动合同的比例和有工伤保险的比例虽然有所增长但仍然很低，说明多数用工单位没能依法用工、承担应有的责任。其次，两代流动者没被拖欠工资的比例增长到较高水平，说明多数用工单位能够按时付薪。最后，两代流动者几乎都有农村医疗保险，减少了因病致穷的现象。总体来看，新生代流动者更多地关注自身的发展和保障，并且他们在城市的工作待遇和工作状况有明显的改善。

表5—11　　　　　　　　　**农村流动者的权利保障**　　　　　　单位:%

代别 年份 权利保障	第一代流动者		新一代流动者	
	2010	2013	2010	2013
有劳动合同比例	31.05	36.6	45.26	48.48
有工伤保险比例	16.28	23.4	21.84	24.24

续表

权利保障	代别 年份	第一代流动者		新一代流动者	
		2010	2013	2010	2013
没被拖欠工资比例		75.12	79.25	85.26	89.09
有农村医疗保险比例		86.84	88.68	89.47	92.12

（五）流动去向和流动稳定性

从流动去向来看，两代流动者以远距离流动为主，即以去省外和省内城市为主，并且两代流动者去省外的比例逐年较快增加并且已经成为两代流动者的首选。新生代流动者跨省流动的比例明显高于第一代，在2013年为65.24%，比第一代高16.98%，并且有上升趋势；而在省内城市打工的比例和在城镇打工的比例都低于第一代，并且都有下降趋势，详见表5—12。

从流动稳定性来看，两代流动者的流动稳定性在逐渐增强可仍然不高，新生代流动者的流动稳定性更高一些。具体来说，两代流动者平均每年换工作次数都在逐年降低，且新生代流动者平均每年换工作次数更低。此外，第一代流动者平均每年外出打工月数虽然逐年增长但仍比新生代流动者低，详见表5—12。

表5—12   农村流动者流动去向和流动稳定性

流动去向及流动稳定性		代别 年份	第一代流动者				新一代流动者			
			2007	2008	2010	2013	2007	2008	2010	2013
流动去向（%）	省外		26.78	33.74	40.91	48.26	35.46	46.35	61.58	65.24
	省内城市		43.49	39.04	36.54	39.77	48.88	41.43	24.29	26.22
	省内县城和城镇		29.73	27.22	22.55	11.97	15.66	12.22	14.13	8.54
流动稳定性	平均每年换工作次数（次）		1.58	1.3	1.18	1.13	1.07	1.01	0.97	0.83
	平均每年外出打工月数（个）		7.9	8.41	8.78	8.92	9.2	10.08	9.69	9.76

（六）收入与消费状况

前面提到多数流动者会选择高收入的行业打工，表5—13显示流动者的外出打工确实显著地改善了他们的收入状况：两代流动者的月均收入以大约20%的年增长率快速增加，在2013年分别达到2815.46元和2444.11元，新生代流动者的月均收入比第一代低371.35元。

表5—13　　　　　农村流动者在外出地的收入与消费状况　　　　单位：元、%

代别 年份 收入与消费	第一代流动者				新一代流动者			
	2007	2008	2010	2013	2007	2008	2010	2013
月均收入状况	869.32	1156.54	1615.48	2815.46	810.79	1028.04	1483.33	2444.11
月均消费状况	246.47	355.81	611.45	1160.65	284.96	382.47	604.42	1129.38
月均消费占月均收入的比例	28.35	30.77	37.85	41.22	35.15	37.20	40.75	46.21

流动者在外出地的消费行为体现着流动者在外出地的生活水平和消费理念。两代流动者的月均消费占月均收入的比例呈上升趋势，在2013年分别达到41.22%和46.21%，可见新生代流动者的消费倾向更高。两代流动者在外出地的主要消费项目都是"衣食住行"，占到了消费总额的近一半，且新生代流动者在"衣食住行"上的消费比第一代略高。此外，新生代流动者在"话费网费"、"外出娱乐"和"学习培训"上的消费比第一代高一些；而第一代流动者在"医疗费用"和"给家里购物"上的消费比新生代高一些。

（七）收入回流状况

外出打工收入的回流是一个十分普遍的现象，也是外出者与家庭和农村关系的集中体现。表5—14显示，两代流动者的年回寄款额都表现出快速增长的趋势，在2013年分别增长到20024.69元和

13887.50 元，第一代流动者的年回寄款额比新生代高 6137.19 元。两代流动者的回寄款都主要用于"日常开支"，且新生代流动者的回寄款用于"日常开支"的比例比第一代高，在 2013 年高 5.07%。此外，第一代流动者的回寄款用在"孩子上学"和"看病"的比例明显高于新生代流动者；而新生代流动者的回寄款用在"盖房或婚丧嫁娶"的比例明显高于第一代流动者。

表 5—14   农村流动者收入回流状况   单位：元、%

收入回流 \ 年份 \ 代别		第一代流动者				新一代流动者			
		2007	2008	2010	2013	2007	2008	2010	2013
年回寄款额		5398.15	6979.10	13036.11	20024.69	4783.75	6588.37	10522.22	13887.50
回寄款用途	日常开支	37.00	34.77	35.96	35.28	44.79	45.33	43.18	40.35
	盖房或婚丧嫁娶	6.58	8.32	5.50	5.93	14.38	17.10	19.55	18.56
	农业投资	22.48	20.95	22.31	22.55	20.83	19.66	19.23	20.67
	孩子上学	22.25	22.85	21.48	19.99	7.71	8.04	8.08	8.54
	看病	10.21	10.75	11.72	12.59	5.83	5.72	6.16	6.67
	做生意	0.91	1.92	2.38	3.09	1.26	0.94	1.22	3.19
	其他	0.57	0.44	0.65	0.57	5.21	3.21	2.58	2.02

（八）将来的发展意愿

农村流动者将来的发展意愿是指他们希望将来留城还是返乡，这本质上属于劳动力流动结果的问题。表 5—15 显示，农村流动者将来的发展意愿是不断变化的，且有很多流动者不明确自己将来的发展意愿。

首先，从愿意回家务农的比例上看，第一代流动者逐年减少，而新生代流动者逐年增加，在 2013 年分别为 22.93% 和 16.15%，新生代比第一代少 6.78%，可见新生代流动者回家务农的意愿虽然逐年增加但仍比第一代弱。

其次，从愿意回家从事非农业生产的比例上看，第一代流动者有所增加，而新生代逐年减少，在 2013 年分别为 16.54% 和 9.94%，新生代比第一代少 6.60%，可见新生代流动者回乡创业的意愿比第一代弱，但总体来看两代流动者都不太愿意回家创业。

再次，从愿意留城打工的比例上看，第一代流动者的留城打工意愿不高，而新生代流动者的留城打工意愿有所增加，在 2013 年增加到 38.61%，比第一代多 10.04%，可见新生代流动者的留城打工意愿比第一代强很多，这也是他们外出打工的主要目的所在。

最后，两代流动者中都有很大一部分人不明确自己将来的发展意愿，在 2013 年分别为 31.96% 和 35.30%，可见新生代流动者比第一代更加迷茫。

表 5—15　　　　　农村流动者将来的发展意愿　　　　　单位:%

代 别 年 份 发展意愿	第一代流动者				新一代流动者			
	2007	2008	2010	2013	2007	2008	2010	2013
回乡务农	32.07	28.71	27.48	22.93	10.35	10.56	12.11	16.15
回乡从事非农业生产	11.13	14.81	14.32	16.54	16.33	15.48	13.57	9.94
留城打工	28.67	25.79	27.63	28.57	33.65	34.21	42.11	38.61
不知道，边走边看	28.13	30.69	30.57	31.96	39.67	39.75	32.21	35.30

四　基本结论

（一）新生代流动者的基本特征与趋势

第一代流动者的留城打工意愿和市民化倾向不高，他们大部分人作为城市的过客，并没有追求在城市长远发展。他们的流动主要为了供养家庭、改善家庭生活状况，这一目标已经基本实现，他们的家庭收入水平和收入结构明显地回答了这一问题。而新生代流动者则出现了明显的变化，主要体现在以下几个方面。

其一，新生代流动者的个人发展性。新生代流动者与第一代流动者最大不同就是他们更加追求个人的发展，从很多方面都体现了这一点。首先，随着九年义务教育的实行，新生代流动者的文化程度已接近九年义务教育的水平，但与市民相比仍然偏低。其次，新生代流动者的流动主要为了个人发展，而且他们也更加偏好能从中获得知识、技能和有发展前途的工作。再次，新生代流动者更加注重学习培训上的投资，他们希望通过提高自己的人力资本而实现个人的长远发展。复次，新生代流动者处于适婚年龄，他们的流动动因和回寄款更多的与"盖房或结婚"有关，说明他们更在乎个人的成家立业。最后，新生代流动者更倾向于去省外城市打工，因为省外大城市拥有更多、更好的就业机会，所以这也是他们谋求个人更好发展的体现。

其二，新生代流动者的时代性特征。新生代流动者出生在改革开放以后，成长于正逐步走向民主法治化、经济市场化和文化多元化等构成的现代化社会，思想观念和生活水平都得到了极大的改善，这赋予了他们新的时代性特征。首先，新生代女性流动者脱离农业农村的倾向大幅度提高。她们不愿遵守"男工女耕"的传统分工模式并希望和男人一样通过外出打工改变自己的命运。其次，新生代流动者在社会资本禀赋较少的情况下，比第一代流动者更多通过媒体的招聘启事等市场信息外出打工，说明他们更愿意接受和使用网络等现代事物，现代性明显提高。再次，新生代流动者的消费倾向比第一代高，说明他们不再受勤俭节约等传统消费观念束缚，逐渐转向超前型的现代消费观。复次，新生代流动者对日常基本消费品有更高的要求，更喜欢社交和娱乐活动，集中体现了他们更加追求享乐的特点。最后，新生代流动者更喜欢"轻松舒适"的行业，也更多地流向工作条件相对较好的制造业或服务业等，说明他们更加追求安逸。

其三，新生代流动者的城市融入与市民化意愿。新生代流动者的留城打工意愿和市民化倾向比第一代流动者大，而且他们大多数不懂农业生产，因而他们的流动基本上是单向的。这反映了他们对于城市的心理逐渐从上一代流动者的"城市过客"的心态变成了"城市主体"的心态。此外，从他们注重个人的发展也能看出他们渴望在城市长远发展；他们的消费观念与现代城市的主流消费观念趋于一致，也体现了他们对城市生活方式的认同和追求。

从我国社会经济结构转型过程来看，农村流动者只是我国在制度变迁中的一个过渡性群体，农民工市民化不仅符合人口转移规律，而且更有利于实现我国城市化的目标，是解决农民工问题的根本途径。但在中国的城乡二元制度依然没有彻底消除的背景下，如何提高城市化质量，彻底解决新生代农民工的城市融入与市民化问题，是中国现代化过程中面临的最大挑战。

（二）农村流动者流动中的"家庭生命周期"问题

不同的家庭结构特别是家庭生命周期很大程度上影响着流动者的各种决策，特别是打工、回村还是兼业的决策。第一代流动者处于成长中的家庭中，既要在家务农并照顾子女和老人，又要外出打工补贴家用，存在着典型的"打工为挣钱、种地为吃饭"的兼业模式，并且随着流动者年龄的增大，外出打工的比例逐渐减少；新生代流动者处于成熟的家庭中，其父辈多在家从事农业或非农生产，这使他们更加专心外出打工，但他们将来的发展方向依然存在着很大的不确定性。可见流动者在流动过程中出现了"年轻打工、年长回村"的"家庭生命周期"问题。

大部分农户的这种劳动力资源配置模式对增加收入水平有着十分重大的意义，但如果不打破这种"高水平循环陷阱"或者是"兼业化陷阱"，将对农民工的城市社会的融入和专业化技能的形成产生重大影响，对家庭和农村的发展产生重大影响，对我国的城市化乃至现代化进程产生重大影响。

新生代农民工如何走出"家庭生命周期"问题，从微观层面上看是个体家庭问题，但从根本上看依然是城乡一系列体制与制度问题。首先，这牵扯到新生代农民工的城市融入问题和中国城市化质量的提高问题，而解决这些问题的根本在于城市就业制度、城市公共管理制度、社会保障制度等一系列制度体系的完善。只有彻底消除城乡二元制度，实现城乡一体化发展，从根本上解决新生代农民工的城市融入问题，这种"两栖"生活才能终结。其次，这牵扯到农村社会保障制度的完善、农地制度创新、农业现代化发展等一系列农村发展问题。目前，耕地资源依然是农村人口最主要的社会保障，同时耕地资源作为稀缺资源的资本功能也不断强化，但现有的耕地制度依然限制着耕地功能的实现，而且农村社会保障制度等一系列制度体系不能与城市制度接轨，这些都影响了农民工的流动行为。

（三）农村流动者打工对个人、家庭和农村发展的影响

第一，从对个人发展的影响来看，农村流动者在打工中提高了自己的技术水平，从而提高了自己的就业层次和就业地位，进而提高了自己的收入和消费水平，最终生活水平也得到了极大的改善。此外，农村流动者在打工中也增长了见识，改变了传统观念并积累了资金和人脉，这些都有利于他们就业和创业。

第二，从对家庭发展的影响来看，农村流动者外出打工不仅提高了家庭收入，成为家庭提高消费水平、支付教育医疗费用、增加农业投资等的主要经济来源。还解决了家庭耕地资源稀缺、劳动力资源过剩的问题，优化了劳动力配置模式。但同时由于大量青壮年劳动力的常年外出，对家庭生活和家庭关系等方面也造成了一定的负面影响。

第三，从对农村发展的影响来看，是利弊都有并且各种影响是动态变化的，显得十分复杂。首先，从对农村经济发展的影响来看，农业、农村非农产业和外出打工是农村经济稳定的三个支架。对于西部地区来说，两代流动者的外出打工都在一定程度上是农业和农村非农产业发展不足的一种替代和补充，外出打工不仅对增加收入、缓解贫困、提高生活水平有着积极的影响，打工过程中的资本积累也促进了农村的农业和非农产业的发展。其次，从对农村农业生产的影响来看，随着目前农业生产者的老龄化和逐渐退出农业生产，随着新生代流动者的逐渐离农和市民化，对新一代农业生产主体、农业生产方式转换与农业现代化提出了很高的要求。

五　政策建议

农村流动者作为我国工业化、城市化进程中的重要群体，他们的群体特征和行为方式不仅反映着他们自身的发展状况，而且影响着中国社会经济发展。然而对于流动者在外出务工中遇到的一些突出问题，虽然政府已经采取了多项对策，但这些对策只能在短期内缓解问题，要从根本上解决问题还须依赖于一系列制度的创新与完善。

第一，农村流动者由于技术水平低和劳动力市场不完善等因素的影响，主要在城市非正规部门就业，这造成了农村流动者的边缘化。随着我国市场化进程的进一步加快，劳动力市场按户口等制度性因素的分层正在转变为按照市场机会和人力资本等分层，农民工面临着更加紧迫的职业教育和培训问题。如果这一问题解决不好，不但会出现农民工由制度性边缘化向能力性边缘化转变的问题以及知识性贫困的传递，从而陷入新的"循环流动陷阱"，而且也不利于消除因缺乏技术工人而导致的"民工荒"现象。因此，必须加强农村基础教育，做好农民工的岗前"引导性培训"和"职业技能培训"工作，引导企业加大岗位培训力度，加快农村流动者尤其是新生代流动者人力资本开发，使他们尽快成长为中国产业结构升级过程中急需的各级各类专业技术工人。

第二，农村流动者要在城市非正规部门就业，而现存的社会保障制度，使他们被排除社会保障制度之外，享受不到和城镇居民同等的社会保障。农村流动者社会保障制度的缺失，影响到他们的流动行为特别是流动意愿，进而影响到农民工市民化进程。因此，必须尽快取消与户籍制度挂钩的一系列公共管理与公共服务政策；以法律法规的形式要求企业依法与农村流动者签订劳动合同；尽可能扩大医疗保障和养老保险覆盖面，逐渐实现各种社会保障的异地衔接。此外，针对女性流动者的比例逐年增加这一现象，还要做好女工权益维护工作等。

第三，新生代流动者更渴望融入城市，但他们的市民化过程受到了两大方面的阻碍。一方面，由于我国长期存在的城乡二元社会结构，多数流动者被排斥在流入地的公共服务体系之外，成为城市中的边缘人。另一方面，由于他们早期积淀的农村文化、习性和打工后交往群体的高度同质性也阻碍了他们理解市民的思维方式和行为方式，导致他们难以真正适应和融入城市。为使他们尽快实现融入城市的梦想，首要任务就是根据各地的实际情况，逐步取消与户籍制度挂钩的住房、教育、社会福利和社会保障等公共政策并放宽流动者进城落户的一些条件（邓思易，2011）。此外，政府要提供有利于新生代流动者与城市居民进行互动和交往的社会机制和文化环境，在新生代流动者和城市居民之间架起一座沟通的桥梁。

第四，依赖社会资本是两代流动者特别是第一代流动者求职的主要途径，这种就业渠道具有松散性、临时性和保守性等特征。因此，必须加强和完善对农村流动者的服务工作，提高组织农村流动者外出务工的效率；引导和支持劳动力中介机构的发展；鼓励农村流动者利用现代媒体寻求打工机会，实现农业剩余劳动力向城市有序转移。

第五，随着农村流动者的流动和统筹城乡发展战略的实施，城乡之间要素流动的壁垒被逐渐打破，各种相关制度和政策必须以此为契机，加快制定和完善的进程。现阶段必须加快耕地制度改革特别是农地流转制度改革、现代农业发展、农村社会保障体系建设和农村公共服务体系建设等，通过盘活土地资产来更好地发挥农村土地的生产功能和资本功能，创造农村劳动力转移的条件，同时引导劳动力、资本和技术进入农业领域，实现劳动力、土地、资本、技术等生产要素的双向流动和合理配置，尽快实现"刘易斯转折点"的进一步推进与城乡一体化，彻底实现农民工的终结。

第六章

新生代农民工收入与
消费变动趋势[*]

一　问题的提出

目前，新生代农民工总数已达 1 亿之多，占流动劳动力总数的近 60%，成为城市农民工群体的主体。新生代农民工中的绝大部分已经转变为专业的打工者，成为中国产业工人中最具活力的部分。就业及收入是新生代农民工发展的根本问题，是决定其市民化能力的关键，而消费行为则从更加全面、深刻的意义上反映着其市民化程度。作为一个全新的流动群体，新生代农民工的收入水平和消费行为集中体现着这一群体的社会地位和社会角色变化。作为中国产业工人的主导力量，他们的发展也深刻影响着中国产业结构的提升、经济发展方式的转变与发展水平的提高。当代中国正处于产业结构转移与升级的重大战略机遇期，同时又处于经济增长方式向消费驱动转变的艰难阶段，特别是面临劳动力供给进入"刘易斯转折点"后的战略抉择，这些都与新生代农民工就业、收入、消费等问题极度关联。[①] 因此，从表征新生代农民工发展现状及趋势最为关键的收入水平和消费行为两个方面，系统地考察这一群体的总体特征及变动趋势，有利于更好地理解他们的形成、发展与演变，解析与透视他们的行为结果和宏观效应，这不仅有着重大的理论意义和现实意义，而且也有着较强的政策意义。

---

[*] 本章原文发表在《经济体制改革》2014 年第 4 期。

[①] 柳建平、张永丽：《农民工市民化与中国经济社会结构转型问题研究》，《河南师范大学学报》（哲学社会科学版）2013 年第 5 期。

　　自 2000 年以来，随着"新生代农村流动人口"① 规模的不断增加，有关新生代农民工问题引起了学术界的广泛关注，学者们分别从社会学、人口学、经济学、公共管理等领域对该问题展开研究。在社会观念上，普遍的社会价值评判认为，新生代农民工的"新"表现为"三高一低"，即受教育程度高、职业期望值高、物质和精神享受要求高、工作耐受力低。② 在收入问题上，许多基于社会调查的分析都表明，农民工的收入具有低水平、增长缓慢、极大的不确定性等特点③，特别是新生代农民工的收入呈现出普遍的低水平，其平均收入水平一直低于第一代农民工。④ 2010 年全国总工会发布的《新生代农民工问题研究报告》指出：目前新生代农民工面临着因工资待遇低导致的生存困境和因制度性歧视形成的发展困境，这两大困境是阻碍其在务工城市长期稳定就业和生活的最大障碍和现实性、紧迫性问题。⑤ 在消费问题上，一些研究表明，农民工的消费结构不合理，呈现出享受和发展性消费贫乏、简朴型消费明显、层次差别悬殊等特点，特别是新生代农民工在消费倾向上更是表现出多重的矛盾性。⑥⑦⑧

　　以上研究结果都表明，新生代农民工的生存和发展现状令人担忧，其未来的发展更是令全社会为之疑惑。实际上，自 2006 年以来，国家为解决当时异常突出的农民工问题出台了一系列旨在维护

---

　　① 　王春光：《新生代农村流动人口的社会认同与城乡融合的关系》，《社会学研究》2001 年第 3 期。

　　② 　魏顺宝：《新生代农民工就业问题研究述评》，《安徽农业科学》2012 年第 14 期。

　　③ 　赵振华：《当前中国农民工收入分析》，《党政干部学刊》2009 年第 5 期。

　　④ 　钱雪飞：《新生代农民工收入情况及影响因素》，《当代青年研究》2010 年第 3 期。

　　⑤ 　全国总工会新生代农民工问题研究课题组：《关于新生代农民工问题的研究报告》，《工人日报》2010 年 6 月 21 日。

　　⑥ 　李淋、冯桂林：《试析农民工的消费行为——宜昌市农民工消费的调查与分析》，《社会主义研究》1996 年第 3 期。

　　⑦ 　于丽敏、王国顺：《农民工收入与消费问题的实证分析——以东莞为例》，《经济纵横》2009 年第 5 期。

　　⑧ 　冯艳红：《我国农民工消费现代化过程中存在的问题及对策分析》，《经济师》2008 年第 10 期。

农民工合法权益、促进其发展的政策，现已时过多年，那么在这多年中，新生代农民工在收入、消费这些关乎自身发展的重要方面又有什么新的进展和变化，本章将利用跨度七年的四次社会调查数据，通过代际比较等方法，就这两方面问题进行以下分析。

二　新生代农民工的收入水平与消费行为

（一）收入水平

1. 绝对收入水平

收入水平既是经济发展的体现，也是产业发展的体现、个人能力的体现。如表6—1所示，从四次调查数据的均值可以看出，新生代农民工的人均月收入比第一代低160.9元，但是其人均年收入却高出第一代347.8元，具体来看，四次调查中新生代农民工的人均月收入均低于第一代，但是其2007年、2008年和2010年的人均年收入均超过了第一代。进一步的分析发现，四次调查中新生代农民工的平均外出打工月数均长于第一代，正是较长的外出打工时间弥补了他们较低的人均月收入，从而使得2007年、2008年和2010年新生代农民工的人均年收入超过了第一代。这可能是因为第一代农民工在农忙季节要返回农村做农活，不能专心打工，而新生代农民工家庭中有父辈从事农业，大部分人只在春节期间返回家乡过年。另外，从时间方向上看，两代农民工的人均月收入和人均年收入均随时间呈递增态势，反映了近些年农民工的收入状况有了较大改观，这主要是因为劳动力供给短缺的出现和波及全国的"招工难"问题，这一现状迫使用工单位提高农民工工资及福利待遇。

表6—1　　　　　　　　　　农民工的收入状况

代别 年份 收入水平	第一代农民工					新生代农民工				
	2007	2008	2010	2013	均值	2007	2008	2010	2013	均值
人均月收入（元）	869.3	1156.5	1615.5	2815.5	1614.2	810.8	1028.0	1483.3	2491.0	1453.3

续表

收入水平 \ 代别年份	第一代农民工					新生代农民工				
	2007	2008	2010	2013	均值	2007	2008	2010	2013	均值
平均外出打工月数（个）	7.9	8.4	8.3	8.9	8.4	9.2	10.1	9.7	9.8	9.7
人均年收入（元）	6867.6	9726.5	13408.5	25113.9	13779.1	7459.3	10362.6	14373.5	24312.2	14126.9

2. 相对收入水平

为了更好地反映新生代农民工的收入状况，下面笔者对比一下两代农民工和全国城乡居民的人均月收入（见图6—1）。

首先，从农民工与城镇居民人均月收入的比较来看，自2007年以来，农民工工资相比全国城镇居民人均收入发生了较大变化：从2008年开始第一代农民工的月平均收入超过全国城镇居民人均月收入，自2010年开始新生代农民工的月平均收入也超过全国城镇居民人均月收入，并且两代农民工与全国城镇居民的收入差距有继续加大的趋势。这一趋势表明农民工在城市的收入已发生根本性的转折，至少说明部分农民工市民化（特别是少或无家庭负担的新生代农民工）的经济条件已初步具备。

其次，从农民工与农村居民人均月收入的比较看，已呈现出较大差距，且差距持续快速扩大。2007年农民工的人均收入比农村居民高541.1元，2010年高1120.0元，到2013年更是高出1993.5元。由此可见，流动者的打工收入已成为农村人口收入的主要来源，也是促使农村居民人均收入曲线上升的最主要力量。

再次，从两代农民工收入的增长态势看，第一代农民工的人均月收入增长明显快于新生代，且收入差距呈现出扩大趋势。第一代农民工在长期的打工过程中，积累了一定的技术和经验，特别是其具有吃苦耐劳精神，而新生代农民工倾向于工作舒适，不愿从事脏、累、苦的体力劳动，这是导致第一代农民工月收入高于新生代农民工的主要因素。

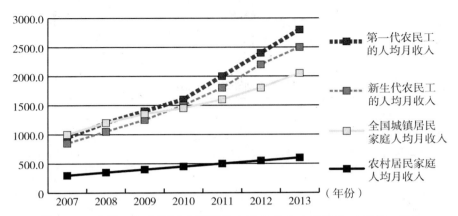

图6—1　农民工与全国城乡居民的人均月收入水平对比（单位：元）

注：图中全国城镇居民家庭和农村居民家庭人均月收入是由当年全国城镇居民家庭人均可支配收入（农村居民家庭人均纯收入）/12计算求得的；2006年、2007年、2009年和2012年两代农民工的人均月收入是由实际的调查数据计算而得，而2008年、2010年和2011年两代农民工的人均月收入是根据已有调查数据按照等差数列填充的，如2008年第一代农民工的人均月收入＝（2007年第一代农民工的人均月收入＋2009年第一代农民工的人均月收入）/2。

（二）新生代农民工的消费状况

1. 回寄款

农民工打工收入的回流是一个十分普遍的现象，也是外出者与家庭和农村关系的集中体现。

如表6—2所示，从回寄款额及所占的比重看，新生代农民工的平均年回寄款额比第一代少2414.05元，回寄款占收入的平均比重为64.51%，比第一代低16个百分点。可以看出回寄款在两代农民工收入中都占了很大的比例，同时由于家庭负担相对较轻，新生代农民工的回寄款占收入的比重低于第一代农民工。从回寄款的用途看，第一代农民工选择比例最高的三项"日常开支"、"农业投资"、"孩子上学"的比例之和为79.46%，而新生代农民工比例最高的三项分别是"日常开支"、"农业投资"和"盖房或婚丧嫁娶"，合计占80.91%，其中在"盖房或婚丧嫁娶"一项上新生代农民工比第一代高10.82%，而在"孩子上学"一项上新生代农民工比第一代低13.55%，这是因为新生代农民工中有相当一部分是未婚或者是结婚但还没有孩子，他们外出打工在很大程度上是为了成家立业。

表 6—2   农民工回寄款分布情况

代别 回寄情况　　　　　年份	第一代农民工				
	2007	2008	2010	2013	四年均值
年回寄款额（元）	5398.15	6979.10	13036.11	20024.69	11359.51
回寄款占收入的比重（％）	78.60	71.75	91.91	79.74	80.50
回寄款用途（％） 日常开支	37.00	34.77	35.96	35.28	35.75
盖房或婚丧嫁娶	6.58	8.32	5.50	5.93	6.58
农业投资	22.48	20.95	22.31	22.55	22.07
孩子上学	22.25	22.85	21.48	19.99	21.64
看病	10.21	10.75	11.72	12.59	11.32
做生意	0.91	1.92	2.38	3.09	2.08
不知道	0.57	0.44	0.65	0.57	0.56

代别 回寄情况　　　　　年份	新生代农民工				
	2007	2008	2010	2013	四年均值
年回寄款额（元）	4783.75	6588.37	10522.22	13887.50	8945.46
回寄款占收入的比重（％）	64.13	63.58	73.21	57.12	64.51
回寄款用途（％） 日常开支	44.79	45.33	43.18	40.35	43.41
盖房或婚丧嫁娶	14.38	17.10	19.55	18.56	17.40
农业投资	20.83	19.66	19.23	20.67	20.10
孩子上学	7.71	8.04	8.08	8.54	8.09
看病	5.83	5.72	6.16	6.67	6.10
做生意	1.26	0.94	1.22	3.19	1.65
不知道	5.21	3.22	2.58	2.02	3.26

注：调查问卷中"回寄款用途"设计为单选。

2. 在城市的消费状况

外出流动者的打工收入除了寄回家庭外，剩余主要用于其在城市的基本生活（从调查来看，农民工很少有个人长期储蓄）。

如图 6—2 所示，首先，从时间上看，两代农民工的人均年消费越来越高，并且新生代农民工的人均年消费总额总是高于第一代。进一步地，可以看出两代农民工的消费结构基本是一致的（见表 6—3），即用于基本消费的比例都很高，而用于享受、发展性消费如学习培训、运动健身的比例都很低。但是同时也应当看到，两代农民工的消费情况存在明显的差异。基本消费方面，新生代农民工在"衣食住行"上的人均消费比第一代高 1500 多元，同时在"话费、网费"上的人均消费比第一代高 260 多元，而在"医疗费用"和"给家里购物"上，新生代农民工的人均消费要低于第一代；享受、发展性消费方面，差异也十分明显，新生代农民工在"文化娱乐"方面的消费支出为第一代的 2.46 倍，在"学习培训"方面的消费支出是第一代的 1.44 倍。

另外，与城镇居民的消费水平和结构相比，目前新生代农民工的消费结构仍处于低层次。根据国家统计年鉴，2013 年城镇居民仅在"食品"一项上的消费就为 6041 元，这比新生代农民工在"衣食住行"上的消费高 169 元；在"医疗保健"一项上，2013 年城镇居民的消费额为 1064 元，这比新生代高 438 元；2013 年城镇居民在"文教娱乐"上的消费支出是 2033.5 元，占年消费总额的 12.2%，而新生代农民工在"外出娱乐、学习培训"上的支出为 1251 元，占年消费总额的 11.13%。以上分析表明，新生代农民工的消费观念和第一代相比已经开始发生变化，第一代农民工将收入的约 80% 寄回家乡，以便供孩子上学、补贴家用等；而新生代农民工家庭负担相对较轻，回寄款的比重仅占其收入的约 65%，再加上其受教育水平较高（调查显示，新生代农民工的平均受教育年限比第一代农民工多 1.4 年[1]），接受新事物和现代消费方式的能力较

---

　　[1]　张永丽、金虎玲：《农村人口和劳动力资源禀赋变动趋势》，《经济学动态》2013 年第 9 期。

强，他们倾向于追求更高的消费层次，也将更多的时间和金钱用于学习培训，希望获得一技之长。同时，与城镇居民相比，目前新生代农民工仍处于较低的消费层次。

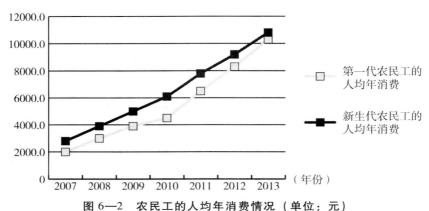

图6—2　农民工的人均年消费情况（单位：元）

注：图中2007年、2008年、2010年和2013年两代农民工的人均年消费是由实际的调查数据计算而得，而2009年、2011年和2012年两代农民工的人均年消费是根据调查数据按照等差数列填充的，如2009年第一代农民工的人均年消费＝（2008年第一代农民工的人均年消费+2010年第一代农民工的人均年消费）/2。

表6—3　　　　农民工在城市的消费水平及结构（2013）　　单位：元、%

消费项目	第一代农民工		新生代农民工	
	年消费额	消费结构	年消费额	消费结构
（1）**基本消费**	8008.81	84.09	9552.00	84.97
衣食住行	4309.60	45.25	5872.00	52.24
医疗费用	817.84	8.59	626.00	5.57
话费、网费	632.91	6.65	897.00	7.98
给家里购物	2248.46	23.61	2157.00	19.19
（2）**享受、发展性消费**	701.20	7.36	1272.00	11.32
文化娱乐	289.43	3.04	713.00	6.34
学习培训	373.00	3.92	538.00	4.79
运动健身	38.77	0.41	21.00	0.19
（3）**其他消费**	814.10	8.55	417.00	3.71

由以上分析可见,近几年农民工的收入状况有了较大的改观,两代农民工的人均月收入均呈现出以较快速度增长的势头,同时两代农民工与全国城镇居民的收入差距有继续加大的趋势。新生代农民工吃苦耐劳的精神不如第一代,导致其人均月收入低于第一代农民工,但新一代更长的打工时间使得其人均年收入总体上高于第一代农民工。从消费情况看,目前农民工在城市的消费仍处于低层次,基本消费比例很高,但发展、享受性消费很少。同时新生代农民工由于成长环境不同,加上相对较轻的家庭责任和较高的受教育水平,致使其消费观念和行为与第一代相比发生了较大变化,他们追求更高的消费层次,有向城市消费行为转变的趋势。

三　新生代农民工群体的收入与消费特征及变动趋势

新生代农民工是在特殊的发展背景和发展阶段形成的特殊群体,社会经济结构的变革决定了他们在成长进程中的不稳定性、不确定性以及自身发展的矛盾性。在以上分析的基础上,以下就该群体在择业、收入和消费方面的基本特征及变动趋势进行概括分析。

(一) 收入特征及变动趋势

收入既是农民工进城打工的首要目标,也是他们在城市能够长久立足的主要依靠,更是事关农民增收和缩小城乡收入差距的关键问题。

由以上分析可见,自 2006 年国家出台一系列关于解决农民工问题的政策以来,农民工长期"刚性"的低收入状况被打破,近几年收入有了较大幅度的提高,并呈现出以较快速度增长的势头。这表明,中国农村劳动力流动或中国农民工的发展已进入一个新的阶段,从"经济能力决定农民工市民化进程"的基本论断评判,未来随着国家经济社会的进一步发展,农民工市民化的步伐将会明显加快。我们基于农民工收入变化得出的这一判断,也与众多学者提出的中国已临近或已迈入第一个"刘易斯转折点"的判断相一致。[①]

其次，尽管第一代农民工的月收入总体高于新生代，但从年收入来看，新生代总是以比第一代更长的务工时间使得其年收入高于第一代。并且随着时间的推移，越来越多的第一代农民工将因年龄偏大、技能限制等因素退出城市（当然从发展现状来看，也会有一定比例的第一代农民工最终定居城市）。因此，在劳动力供给短缺的背景下，新生代农民工经济收入的提升空间将会更大，同时，新生代农民工有着较高的文化程度、技术水平、现代意识和城市社会适应能力等，这使其在城市融入方面有诸多有利因素。因此，可以断定，随着国家经济结构进一步向好转型，新生代农民工与城镇在岗职工的平均收入差距将会越来越小，其市民化的经济社会能力将会进一步增强，未来几年新生代农民工市民化的步伐将会明显加快。

回寄款在农民工收入中占了很大比例，这是一个值得关注和思考的问题，这表明中国农村人口收入低下的现状还未发生根本性改变。虽然国家近些年一直非常重视农村发展，但由于农村人口众多，农业收入增长缓慢，农村人口城市化进程迟滞，农村人口的发展问题仍然是未来中国面临的最大问题。在当前，农村外出人口的务工收入已成为农村人口收入的主要来源，而务工收入从城市流向农村的方式就是回寄款，回寄款主要用于农村人口日常支出及其他需现金支付的支出。可见，农民工在城市的打工收入不仅要维系其自身在城市的生活，还要维系整个家庭的生活。这一现状决定了所谓的农民工市民化，不再是单纯的农民工个体的市民化，而是农民工及其家庭的市民化。在此意义上，农民工担负的家庭责任的轻重程度是决定其能否实现市民化的最实质变量。显然，从这一点看，新生代农民工具有更大的优势，并且新生代农民工的回寄款额占收入的比例呈现逐步减小的趋势，这意味着新生代农民工家庭负担在逐渐减轻，这将为其市民化创造极其有利的条件。

[①]　张永丽、景文超：《试论中国的人口转变、结构转型与刘易斯转折点》，《上海财经大学学报》2012 年第 6 期。

（二）消费特征及变动趋势

农民工作为当代中国一个连接城乡、跨越区域、规模宏大的社会群体，其消费行为及变化趋势，对当代中国的社会经济结构转型具有非常重要的意义，甚至整个社会将能否顺利实现这一转型，寄希望于农民工群体这一除农村和城市之外的消费"第三元"①。和第一代农民工相比，新生代农民工的消费观念本身就具有前置性特点，并已经呈现出向城市消费行为转变的趋势，同时，受收入水平特别是家庭负担的拖累，他们的消费中隐含"痛苦"的矛盾性。

首先，由于成长的物质文化环境的巨大变化，特别是伴随互联网的快速发展而成长起来的新生代农民工，他们的价值观念更趋多元化，甚至具有"混杂"的特点，同时较高的受教育水平使他们具有较强的接受新事物和现代消费方式的能力。新生代农民工正因为年轻，其消费行为和第一代农民工相比带有一定的前置性。这一点在他们进城的动机中就有体现，他们进城就是为了谋求比农村更好的发展，因而城市的消费方式一开始就是其追求的具体目标，也成为其在城市发展的直接动力。

其次，新生代农民工的消费观念及行为已具有一定的现代意识，并呈现出向城市消费方式转变的趋势。和第一代农民工不同，新生代农民工更注重外表的干净整洁、服饰的新潮光鲜，甚至会考虑标识身份的品牌和质量等细节，如服饰、手机等的品牌（即使是假冒伪劣的），以显示其与城里人的"一样"；他们追求更高的消费层次，有时也会去一些文化娱乐场所，去体验城里人的休闲生活；他们十分懂得信息、知识、技能等对其在城市发展的重要性，这也使得他们更注重"网络消费"、"联系消费"和"学习消费"，在网络和手机上的消费费用要远远超过第一代农民工，同时他们也倾向于将更多的时间和金钱用于学习培训，希望获得一技之长。

再次，新生代农民工的消费行为存在一定程度的"扭曲"和矛盾。第一，由于受收入水平特别是家庭责任的制约，新生代农民工

① 魏培全：《谁来填补2亿农民工的消费空白》，《半月谈》2007年11月28日。

实际的消费水平与消费期望之间存在着较大差距。以上的调查分析
表明，尽管新生代农民工的家庭负担相比第一代较轻，但他们的家
庭责任依然沉重，他们要将收入的约65%回寄农村家庭；而在消费
观念和目标上，他们又极力想与城市消费水平相当。这无疑会导致
他们消费行为的"扭曲"：在有限的消费能力下，出现与之不符的
"高消费"，或只重表面、忽视实用的"炫耀性消费"。第二，新生
代农民工具有因身份的"双重性"所导致的消费的矛盾心理。尽管
收入是影响其消费的主要因素，但农民工的消费行为还受其参照群
体，即"生活圈子"的影响。农民工作为农民，他们要参照家乡成
员及打工者群体的消费方式；作为城市打工族，他们又不可避免地
要参照城里的某些消费方式，这种矛盾的处境构成了农民工消费方
式的本质特征。农民工的消费在很大程度上受制于家庭对他的期望
和他本人对家庭的责任，由于多重利益的不同影响，大多数新生代
农民工更倾向于对他们家庭的认同，而不是把自己看作城市的一
员，因而在实际的城市消费中，除必需的生活用品消费及自认为必
需的"炫耀性消费"外，他们还是将大多数收入回寄家庭。正因为
如此，新生代农民工在收入水平较大幅度提高的同时，消费水平并
没有同步或同幅度的提高，或者说消费水平的提高总是滞后的。

四　结语

　　新生代农民工是中国产业工人中最具活力的部分，收入和消费
是最能集中体现这一群体的社会地位和社会角色变化的两个方面。
就业状况的改善再加上政府政策的作用使得近些年新生代农民工的
工资有了较大幅度的提高，并呈现出继续快速增长的势头，经济能
力的增强无疑会加快这一群体的市民化步伐。但是与此同时，新生
代农民工的消费并没有随收入同步或同幅度的提高，依旧沉重的家
庭责任和前置的消费理念发生了冲突，一方面新生代农民工向往较
高的消费层次，另一方面他们又无法抛弃对家庭的责任，这导致了
他们矛盾的消费心理，也带来了消费行为的"扭曲"。

第七章

新生代农民工社会分化及
市民化进程

一　问题的提出及相关文献综述

（一）问题的提出

农民工群体是改革开放以来我国工业化、城市化快速发展进程中形成的一支新型劳动大军。这一群体为国家现代化建设做出了重大贡献，是推动国家经济和社会结构变革的巨大力量。但就这一群体在其社会发展意义上来说，并未取得如经济发展及其贡献同等意义上的进步，他们的未来前途成为整个社会的一大忧虑。

社会群体的发展，必然伴随着群体内部的分化，并由分化产生不同的发展路径，将属于不同路径的人群置于不同的社会经济地位之上。从某种意义上说，农民工群体可看作是"总体性社会"分化的产物。农民工的社会分化是指农民工个体或群体之间产生的被社会所认可的区别。[①] 农村人口向城市的大量流动导致了以阶层分化为基础的中国特色的农村社会分化。农民工的分化与农村社会的分化并不是孤立的，人口流动和农村非农产业的发展是农村社会分化的主要原因，其中农民工是农村社会分化的核心力量。随着农村劳动力向城市特别是大城市的流速和流量的高速增长，城市中流动农民不仅规模越来越大，而且在城市产业分工体系的影响下已经出现了具有层级意义的"二次分化"。所谓二次分化，是指改革以后，在原来意义上的农民分化为若干职业群体后，作为其中一个统一身

---

①　夏国锋：《农民工研究视角的转向：从整体到分化》，《襄樊学院学报》2008年第1期。

份的流动农民内部的再分化，即形成若干类别群体或等级群体的过程。① 农民工群体内部的这种不断分化，是处于转型期的社会所带来的一个必然结果，亦是农民工"市民化"的一个必经的渐进过程和方式，但它也使得农民工问题越来越复杂。

社会分层过程分析也称之为社会分层机制分析，它主要是研究这样一些问题：人们是如何被分配到社会分层系统的某个位置上的，有哪些因素影响到这一过程，是社会结构性因素还是个体特征在起决定作用，是先赋性因素还是获致性因素在发挥决定作用。在农民工群体产生的早期，农民工群体的特点是同质性大于异质性，因而对它的研究多是关注于农民工这一个整体。但伴随着中国社会的进一步变迁及发展，农民工群体也逐步从一个同质性群体走向异质性群体，即农民工的内部分化问题也日益凸显。目前这一群体已经转变为一个异质性很强的群体，他们在收入水平、消费水平、受教育水平、市民化意愿等诸多方面已经呈现出巨大的差别。但是目前学术界大多仍然只把农民工作为一个整体上的弱势群体加以关注，而忽略了这一群体内部的差异，这不利于我们对农民工群体的全面认识。因此我们有必要对目前农民工群体内部的阶层分化情况以及分化的各个阶层的群体特征进行研究，这将对政府决策提供重要的理论参考。

（二）相关文献综述

早在 20 世纪 90 年代已有学者关注到农民工的内部分化问题，但这一问题并未引起学术界的广泛关注，直到进入 21 世纪以后，才有更多的学者开始从不同视角研究这一问题。就目前的研究现状来看，有关农民工群体分化问题的研究成果主要集中于以下几个方面。

1. 关于农民工代际分化的研究

学者们基本上都是以改革开放为分界线，从农民工成长的外部环境、个人特征、就业情况、与家乡和农村的联系、对城市的适应

---

① 周运清、刘莫鲜：《都市农民的二次分化与社会分层研究》，《中南民族大学学报》（人文社会科学版）2003 年第 1 期。

性和流动意愿等角度，对农民工的代际差异问题进行研究的。王春光（2001）通过对农民工群体进行的分层分析研究，以"代际差异"为主题，首次提出"新生代农村流动人口"的概念划分，指出第一代农民工与"新生代农村流动人口"在年龄与年代特征、教育特征、务农经历、外出动机、身份认同和社区认同、乡土认同等方面存在着分化与不同。之后的研究，普遍认同和遵循了这一划分。刘传江等（2007）把改革开放后的农民工界定为第二代农民工，王东、秦伟（2002）从代际分化的角度对农民工的流动动机与目的、收入、消费、对城市的适应性、对家乡的回归性等几个方面进行了研究，认为两代农民工存在着年龄、初次流动年龄、婚姻状况和文化程度等方面的差异。

　　2. 关于农民工从事的职业和收入分化的研究

　　农民工的收入和所从事的职业有很大关系，职业的分化必然会导致收入的分化。刘晴（2013）指出不同行业间自然形成的收入以及福利差距必然会对新生代农民工收入水平以及社会地位的改变产生不同的影响，进而导致这个年轻群体不可避免地出现职业分化的趋势，并进一步从收入、自雇或自营业者与普通打工者、性别等方面分析了新生代农民工群体的职业分化。研究表明，这个群体内部正在发生深刻的变化，正是这些变化推动着这个群体在并不平坦的道路上完成着自己的追梦之旅。黄乾（2009）将农民工就业状况分为稳定就业和非稳定就业两种不同类型，在总体上呈现出稳定就业农民工的平均工资收入水平高于非稳定就业农民工，实证结果进一步表明，影响两种就业类型农民工内部收入差距的主要因素有就业行业、单位所有制、人力资本、性别和城市等，且内部工资收入差距有40.52%是由禀赋差异形成的，59.48%要归结于禀赋回报率差异。张涛（2007）依据社会调查数据，按照农民工的可支配收入的多少将农民工分为四个阶层：下层收入者（月收入在800元以下）、中下层收入者（月收入800—1200元）、中上层收入者（月收入1200—2000元）、上层收入者（月收入在2000元以上），统计分析表明，下层和中下层的收入者居多，上层收入者比例很小，且不同收入层次的农民工在社会公平认同度、解决纠纷途径以及对未来生活预期等方面均存在差异，不同层次的农民工在这些方面的差异也反映了他们文化心理层面的内部分化。

3. 关于农民工权益和分类社会保障的研究

万明国（2004）在《都市农民的二次分化与分类社会保障对策》中认为都市农民工在城市产业分工体系的影响下已经出现了具有层级意义的二次分化，由此产生了对社会保障需求不同层次的差异性，存在实施分类社会保障的现实可能性。杜毅（2009）以社会学、社会保障学为理论视角，指出农民工经过二次分化，已经逐渐分化为一个在经济地位、社会声望和政治权力等方面具有明显层级特点的群体。二次分化后群体内各层次"市民化"程度不一及其规避风险的能力存在差别，各层次对社会保障各个项目的需求也存在较大差异，因此各级政府应根据农民工"市民化"程度的不同及其规避风险能力的差异进行分类保障。

4. 关于农民工分类城市融入问题的研究

宋国凯（2012）将农民工划分为私营企业主、自雇佣的个体农民工、务工人员、无业或失业农民工四大群体，指出农民工中的优势群体更有条件实现社会融合。作者以自雇佣的个体农民工群体为例，从经济融合、社会关系融合、制度融合、心理融合以及社区融合等五个维度分析了该群体的社会融合。宋惠敏（2011）从农民工经济收入分化的角度，指出农民工目前分化为低收入、中收入、高收入三个阶层，指出农民工城市融入应该以阶层为基础制定分层城市融入的治理对策，最终实现农民工内部各阶层与整体社会结构的有效对接。

总之，农民工分化问题的研究对各级政府解决农民工市民化问题具有重要的意义。根据学者们已有的研究，农民工群体内部在代际、职业、收入、消费等方面已经发生了分化，如果再把农民工当作一个整体来研究其市民化和城市融入对策，是不科学的，也是缺乏效率的。本章基于"社会分化"的基本理论，提出了一个符合中国农民工实际情况的内部分化分析框架，并在此分析框架下，根据社会调查数据，运用聚类分析方法，对目前农民工群体内部的阶层分化情况进行较为深入的探讨。

二　基于"市场购买力"的农民工 阶层分化分析框架

（一）关于社会分层理论的简要回顾

分化的最一般含义是指事物从同质性向异质性的变化，社会分化是社会学的基本范畴。所谓社会分化，是指社会结构构成要素的分割、互动关系的增加和功能的分化，它标志着社会复杂程度的提高。[①] 社会分化有广义和狭义两种理解，广义的社会分化是指社会各个活动领域包括政治、经济、文化领域的分立及相互联系的一般状态，是社会整体的宏观层面的分化；狭义的社会分化是指由社会分工和社会流动产生的各主要社会地位群体结构的变化，是微观的、社会特定群体的分化，表现为特定群体的阶级、阶层和职业等的分化。

社会分层是西方社会学家借用了地质学家关于"分层"这一地质结构不同层面的概念，以说明社会存在的高低有序的若干等级层次。西方社会分层理论流派众多，而马克斯·韦伯的三位一体的分层理论开创了西方社会学分层研究的先河，并很快成为西方社会学重点研究的领域。

韦伯认为，社会分层结构是一个多层面的统一体，除了经济地位外，至少还有两种同样重要的分层属性在造成社会不平等方面具有突出影响力，那就是声誉和权力。因此韦伯主张从经济、声誉和权力三个角度综合考察一个社会的经济、文化和政治三大领域中的不平等。他把根据经济因素划分的地位群体叫作阶级，认为阶级是指一批在经济状态和变化方面相同或相似的人群。他进一步解释说，若一群人在商品市场上或劳务市场上拥有相同机会，而此种机会又仅仅取决于他们拥有的物品或收入，就可以说他们构成了一个阶级。简单地说，划分阶级的标准实际上就是"市场购买力"或用马克思的话说是"钱袋的鼓瘪"，而不涉及在所有制中所处的地位，

[①]　范和生：《现代社会学》，安徽大学出版社2005年版，第468页。

所以韦伯所说的阶级差别主要是货币量的差别，这与马克思的阶级概念显然不同。① 声誉地位是由社会公认的评价体系确定的，社会的评价从肯定到否定构成了高低有序的阶梯，声誉地位即指人们在这一阶梯中所处的位置。影响声誉的因素很多，主要有出身门第（身份）、仪表风度、知识教养、生活样式。声誉地位与"同类意识"的产生有密切联系，它必须经由主观评判的方式来确定。权力地位则是根据人们是否拥有权力以及权力的大小确定的。所谓权力，在韦伯那里意味着为实现自身意志，无视他人意愿而支配他人的能力，权力分层反映了政治领域的不平等。韦伯认为，任何有组织的社会生活都存在权力分层现象。在现代社会中，合法权力的主要源泉并非所有权，而是科层组织管理部门中的各种职位。

韦伯认为，财富、声誉与权力是有价值而且稀缺的，因此在各个社会生活领域中，人们总是求名、逐利、争权的，社会分层结构就是用等级秩序将上述活动纳入制度化轨道的。在三个标准之间的关系问题上，韦伯坚持认为，虽然在一定条件下，这三个标准可能相互强化，存在着密切联系，但在理论分析层面上，必须将它们加以严格区分，即认为它们是各自独立的，每一个都可以单独作为社会分层的标准，也就是说，它们之间并不必然地存在因果决定关系。另外，虽然在理论上认定它们是各自独立的，但这并不意味着，在任何情势下这三个分层属性都同等重要，特定社会情势常常把某一个属性推到突出地位上。至于在给定的社会情势下，哪一个属性作用最突出，即如何确定分层中轴的问题，韦伯认为，这完全取决于具体的经验研究。

社会分化与社会分层是社会学体系中两个紧密关联的概念，社会分化是社会分层的内在原因，社会分层是社会分化的必然结果。社会分化具有两个重要特征：功能专一化和地位多样化。地位多样化直接反映了社会发展过程中社会差别的扩大趋势。社会学正是从社会分化的角度考察社会结构特点及其发展趋势的。虽然社会分化发生于社会生活的各个领域，但其中最重要的、起决定性作用的却

---

① 赵泽洪、周绍宾：《现代社会学》，重庆大学出版社 2003 年版，第 209—210 页。

是社会经济领域中的分化，体现为劳动分工的不断深化及经济关系的不断变化。在经济领域分化的推动下，政治、思想文化及其他一切社会生活领域相继出现了分化过程，整个社会结构呈现出从同质性向异质性的变化。社会分层研究所说的社会分化特指社会系统的结构中原来承担多种功能的某一社会地位发展为承担单一功能的多种不同社会地位的过程。

（二）基于中国实际的农民工分化分析框架

马克思的社会分层理论主要是从"社会批判"的角度，以财产占有的多寡为尺度进行社会分层分析，而韦伯的社会分层理论主要是从市场竞争力的角度来观察分层问题，对社会分层的态度更为"理性"和"平和"。因此韦伯范式更适应于当代中国实际，当然，看待当代中国农民工的内部分化问题，还必须依"中国特色"进行取舍。

社会流动是社会分化的基本条件及原因，也是其动力甚或结果，而阶层固化必然导致社会流动禁锢。新中国成立之初，在以"人民公社"、"户籍管理"和"统购统销"为主体的城乡分割、分治的制度安排下，形成了固化的社会阶层或社会结构，这种僵化状态一直持续到改革开放。1978年以土地承包为主要内容的农村改革使农民获得了"人身自由"，之后以放权让利为主要内容的企业及城市改革为农民进城务工提供了需求条件，从而促成了初始的农民流动及农村社会分化。1993年国家正式提出"建立社会主义市场经济体制"，进一步促成了长时期、大规模的农村劳动力流动，农村社会彻底分化为守候农村、从事农业的农民和迁徙于乡城、在城市务工的农民工。但农民工在长期流动过程中也凸显出一个重大社会问题，这就是"大规模流动就业、极少数迁移定居"的"非典型性"，即农民工进一步向市民分化的进程被阻滞于制度藩篱。以户籍制度为核心的一系列不公正的社会制度安排，包括就业、教育、社会保障等将农民工排斥在城市资源配置体系之外，不仅造成了农民工身份、职业和角色的分离，也在更深层次上阻碍了农民工与城市社会的融入。在这一不公正的社会制度和严重的社会歧视下，农民工的政治权利和声望几乎无从谈起，也就是说，从阶层的角度讨论农民工在声誉、权利方面的内部分化，在当前条件下还不具备现实基础。

尽管如此，农民工群体内部仍然在不断地分化，实际上，自农民工走出农村的那一天起，其内部分化就已孕育，这是由其外部环境和内部结构决定的。

首先，中国农民工形成于由计划体制向市场体制转变的过程中，市场的发育是中国农民工由同质走向分化的基本原因。尽管制度安排将农民工的就业限制在城市非正规就业范围内，但由于农村劳动力供给的"无限性"，以及在计划外异军突起的乡镇企业、民营企业对劳动力的需求，使得农村劳动力市场接近于一个完全竞争的市场，甚至还具有一定的无序性。在这一市场环境下，农民工的发展将是一个基于个人能力和努力的发展过程，这也正如韦伯所提出的是"基于市场竞争力的分化"。

其次，从社会价值变迁或重构的角度看，中国农民工形成和发展于社会价值逐渐"庸俗化"的过程中。民众社会价值的变化主要体现在以财富多寡评判人的发展、成功及社会地位。在社会价值体系变化的背景下，农民工的社会分化只能是基于财富多寡的分化。而从农民工承继财富的状况来看，其能给予自身及家庭的最大现金流只有身体财富，即"劳动力"，至于土地及房产，其价值及流动性都很低。因此，基于财富的农民工分化归根到底只能是"基于劳动收入的分化"，至于农民工内部分工或职业的分化，因为不具有向制度认可的上层社会流动的可能，其本质上仍然是"基于劳动收入的分化"。

再次，从代表社会分化最重要的经济学标识来看，消费行为的分化具有重要而普遍的意义。从消费视角看社会分化，实质上是一个"基于市场购买力的分化"，但对于农民工来说，收入并不等于消费，实际上，绝大多数的农民工是背负着整个家庭生存和发展的责任进城的。大量的研究表明，大多数农民工会将其在城市务工收入的大部分回寄农村家庭。基于这样一个事实，农民工"基于市场购买力的分化"又可归结为"基于家庭禀赋的分化"。

综合以上的分析，笔者认为，切合中国实际的农民工内部阶层分化应当是"基于市场竞争力的分化"、"基于劳动收入的分化"和"基于家庭禀赋的分化"，三者相互关联、渐次递进，构成一个基本的分析框架。

三　新生代农民工阶层分化的聚类分析及分类群体特征

（一）样本概况说明

下面笔者基于 2010 年对农村外出人口进行的社会调查，利用 SPSS 19.0 进行聚类分析。本次调查共发放问卷 644 份，经过整理与剔除，最终用于聚类分析的新生代农民工的有效问卷为 295 份，这些样本的具体情况见表 7—1。

表 7—1　　　　　　　　　　样本概况　　　　　　　　单位：个、%

样本特征		样本数	占总样本数的比重
性别	男	251	85.08
	女	44	14.92
受教育程度	小学及以下	43	14.58
	初中	99	33.56
	高中	101	34.24
	大专及以上	52	17.63
职业	纯体力劳动者	143	48.47
	服务业人员	57	19.32
	销售人员	10	3.39
	专业人员	71	24.07
	个体、管理员	14	4.75

续表

样本特征		样本数	占总样本数的比重
外出打工月数	4 个月以下	12	4.07
	4—7 个月	20	6.78
	7—10 个月	130	44.07
	10 个月以上	133	45.08
收入	15000 元以下	85	28.81
	15000—25000 元	179	60.68
	25000—40000 元	26	8.81
	40000 元以上	5	1.69
消费	2000 元以下	38	12.88
	2000—6000 元	162	54.92
	6000—10000 元	79	26.78
	10000 元以上	16	5.42
社会保障	有劳动合同	98	33.22
	未被拖欠工资	246	83.39
	有工伤保险	73	24.75

（二）新生代农民工阶层分化的聚类分析

根据以上提出的分析框架，笔者选择打工年收入、年消费、受教育年限、外出打工月数这四个变量进行聚类。经过多次试分类得知，将样本聚合为三类是最理想的，因为此时各类间各变量的聚类中心的区别比较明显且排序一致（见表7—2），并且第一类、第二类和第三类新生代农民工占样本总数的比重分别为 45.08%、48.47%、6.44%，这符合现实生活中我们对农民工群体的观察。

表 7—2　　　　　　　　　　　　聚合为三类时的聚类中心

	Cluster		
	1	2	3
打工年收入	9687	20762	40079
年消费	3796	6711	15016
受教育年限	8	9	11
每年外出打工时间	9.0	10.2	11.1

　　进一步地，笔者又对各类样本之间做了单因素方差分析，从表 7—3 可以看出，打工年收入、年消费、受教育年限、外出打工月数的 F 统计量的相伴概率均小于 0.01，说明这四个变量在三个类之间存在着显著差异，因此可以认为将样本聚合为三类的效果是比较理想的。

表 7—3　　　　　　　　　聚合为三类时单因素方差分析的结果

	Cluster		Error		F	Sig.
	Mean Square	df	Mean Square	df		
打工年收入	9.63E+09	2	1.45E+07	292	661.958	0.000
年消费	1.13E+09	2	1.07E+07	292	105.982	0.000
受教育年限	61.881	2	7.414	292	8.346	0.000
每年外出打工时间	63.893	2	3.909	292	16.345	0.000

（三）各类新生代农民工的群体特征

　　图 7—1 至图 7—7 表示的是各类新生代农民工占样本数的比重及其受教育程度、打工所从事的行业、每年外出打工月数、打工年收入、年消费以及就业保障情况，下面分别对各类新生代农民工的群体特征进行分析。

　　1. 第一类新生代农民工的群体特征

　　第一类新生代农民工占样本总数的 45.08%，平均受教育年限为 8.3 年，以初中和高中文化程度为主（约占 67%）。就业方面，以纯体力劳动者最多（占 58.65%），其次是服务业（占 23.31%），平均每年外出打工 9 个月，其中打工时间在 7—10 个月的农民工所占的比例最高，为 47.37%，打工时间在 4—7 个月及 10 个月以上的分别占 12.78%、32.33%。收入消费方面，人均打工年收入 9687.2 元，在打工城市的人均年消费为 3796.2 元，其中有 71.43% 的人年消费在 2000—6000 元之间，有 22.56% 的人年消费在 2000 元以下。权利保障方面，有 80.45% 的人打工期间未被拖欠过工资，同时有劳动合同和工伤保险的比例相对较低，分别占 27.82%、23.31%。

2. 第二类新生代农民工的群体特征

第二类新生代农民工占样本总数的 48.47%，平均受教育年限比第一类长 0.58 年，以初中和高中文化程度为主（占 72.73%）。就业方面，纯体力劳动者占 44.76%，比第一类农民工下降了近 14 个百分点，专业人员的比例有了较大幅度的提升，占 29.37%，平均外出打工月数比第一类多 1.2 个月，其中打工时间在 10 个月以上的占 51.75%，比第一类高出 19.42%，其次是 7—10 个月之间的，占 44.76%，同时打工时间在 4—7 个月以及 4 个月以下的比例分别比第一类下降了 10.7%、6.1%。收入消费方面，打工年收入比第一类高 11074.3 元，其中有 91.6% 的人年收入在 10000—25000 元之间，在打工城市的平均消费为 6711.2 元，比第一类多 2915 元，其中消费在 2000—6000 元之间的比例最高（占 46.15%），其次是 6000—10000 元之间（占 43.36%），同时消费在 2000 元以下的比例比第一类下降近 17%。权利保障方面，有劳动合同、未被拖欠过工资的比例和第一类相比均有所提高，同时有工伤保险的比例和第一类相比略微下降。

3. 第三类新生代农民工的群体特征

第三类新生代农民工占样本总数的 6.44%，平均受教育年限在三类农民工中最高，为 11 年。就业方面，纯体力劳动者、服务业人员的比例和第一、第二类农民工相比下降，销售人员、专业人员、管理人员的比例和第一、第二类农民工相比提高，特别是专业人员和个体、管理员的比例有了较大幅度的提升，分别达到了57.89%、21.05%。平均每年外出打工11.1个月，外出时间均在7个月以上，其中外出时间在10个月以上的比例高达84.21%。收入消费方面，打工年收入比第一类高30391.7元、比第二类高19317.4元，其中有73.68%的人收入在25000—40000元之间；在务工城市平均消费15015.8元，其中年消费在10000元以上的比例比第一类高出47.4%，比第二类高出42.47%，年消费在2000元以下的比例比第一类低22.56%，比第二类低5.59%。权利保障方面，有劳动合同和工伤保险的比例和第一、第二类相比有较大的提高，分别占63.16%、52.63%。

　　从以上的分析中可以看出，第一类、第二类和第三类新生代农民工的平均受教育程度、平均每年外出打工月数、打工年收入、打工年消费依次提高，就业的行业技术结构和就业权利保障情况依次提高。同时应该注意到的是，第一类新生代农民工的打工年收入最低，但其消费倾向在三类中是最高的（第一类、第二类、第三类新生代农民工的年消费占打工年收入的比重分别为39.2%、32.3%、37.5%），这也从一个侧面反映了新生代农民工的"消费扭曲心理"，即相对于他们并不太高的收入来说，新生代农民工的消费倾向是比较高的，即具有前置性消费的特点。①

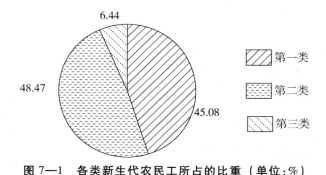

6.44

48.47

45.08

第一类
第二类
第三类

图7—1　各类新生代农民工所占的比重（单位:%）

---

　　①　柳建平、孙艳飞：《新生代农民工的收入水平与消费行为及其变动趋势》，《经济体制改革》2014年第4期。

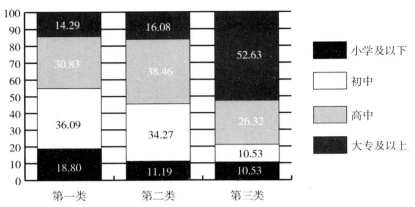

图 7—2 各类新生代农民工的受教育情况（单位：%）

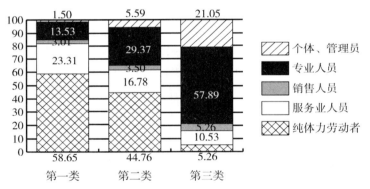

图 7—3 各类新生代农民工的就业行业情况（单位：%）

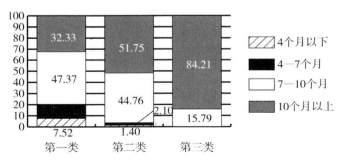

图 7—4 各类新生代农民工每年外出打工月数（单位：%）

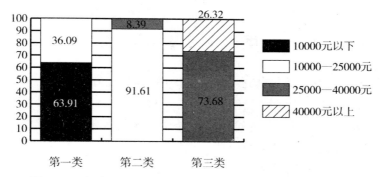

图7—5　各类新生代农民工的打工年收入情况（单位：%）

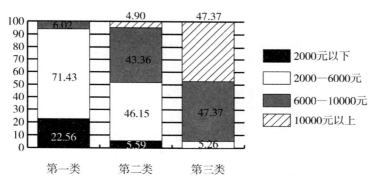

图7—6　各类新生代农民工的年消费情况（单位：%）

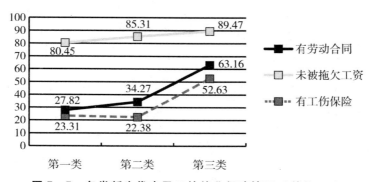

图7—7　各类新生代农民工的就业保障情况（单位：%）

四　各类新生代农民工的
市民化进程比较

（一）农民工市民化进程测度的指标体系及方法

这里把农民工的市民化进程看作一个动态的过程，即把整个市民化过程看作是一个大的阶段，这个大的阶段可以划分为若干小的"阶段"，假设划分为 K 个阶段，农民工在市民化过程中所采取的每一个行动都可以看作是一个小的"阶段"。市民化水平指的是农民工已完成的"阶段"数占市民化进程总阶段数的比重，假设农民工已完成的阶段数为 k，那么农民工市民化水平＝k/K。这里笔者采用徐建玲和刘传江测度市民化进程的方法并做了一些改进，认为农民工市民化水平既受到外部制度因素的影响，也受到其自身的市民化意愿和市民化能力的影响。根据 C-D 函数，

$$L = ID^{\alpha}C^{\beta}, \ I > 0, \ 0 \leq D \leq 1, \ 0 \leq C \leq 1,$$

其中，L（Level）是农民工的市民化水平，I（Institution）代表外部制度因素，D（Desire）代表市民化意愿，C（Capacity）代表市民化能力，这里假定 $\alpha + \beta = 1$，并认为市民化意愿和市民化能力具有同等重要的作用，即 $\alpha = \beta = 1/2$。各个指标的具体含义以及计算方法如表 7—4 所示。

表 7—4　　　　　　农民工市民化进程测度的指标体系

一级指标	二级指标	计算方法
外部制度因素 I		
市民化意愿 D	将来打算留在城市吗？	
市民化能力 C	农民工人均受教育年限/城市居民人均受教育年限（C_1）	$C = \sqrt{C_1 * C_2}$
	农民工在城市收入/城市居民人均收入（C_2）	

1. 外部制度因素 I

农民工市民化进程不可避免地要受到制度环境的影响，包括户籍制度、土地制度、劳动力市场制度、社会保障制度等的改革。若 $0<I<1$，说明外部政策对农民工市民化进程起了抑制作用；若 $I=1$，说明外部政策对农民工市民化没有实质性的影响；若 $I>1$，则说明外部政策对农民工市民化起促进作用。目前国家正在采取一系列措施对户籍制度、城乡二元劳动力市场、社会保障制度等进行改革，但这些举措从制定实施到真正发挥作用要经过很长的时间，而且在短期内国家政策一般不会发生重大调整，因此这里假定 $I=1$。

2. 市民化意愿 D

市民化意愿指的是农民工希望成为市民的主观意愿，其数值范围在 $[0, 1]$，数值越大表明农民工的市民化意愿越强。若 $D=0$，表明农民工完全没有成为市民的倾向，若 $D=1$，则说明农民工完全希望成为城市市民。在现实中，农民工对市民化的态度往往是摇摆不定的，当感觉自己享受到了"市民待遇"时，往往市民化的倾向就相对较大；而一旦遭受了不公正的待遇，又会对市民化产生排斥心理。这里笔者用"将来有留在城市的打算，不准备再从事农业劳动"的农民工占所有被调查农民工的比重来代表农民工的市民化意愿。

3. 市民化能力 C

市民化能力指的是农民工具有的转变为市民的能力，最能代表农民工市民化能力的是其受教育程度和在城市的收入水平。农民工的受教育程度代表了其适应城市生活的能力，受教育水平较高的农民工，接受新事物、新观念和新的生活方式的能力也较强；收入水平代表了农民工的赚钱能力以及能享用到的城市公共资源。市民化能力的数值范围在 $[0, 1]$。若 $C=0$，说明农民工完全不具备市民化的能力；若 $C=1$，说明农民工完全具备市民化的能力。这里用农民工的平均受教育年限/城市居民的平均受教育年限（C_1）、农民工的平均打工收入/城市居民家庭的人均可支配收入（C_2），即相对受教育水平和相对收入水平来表示，并赋予两者相等的权重（1/2），即 $C=\sqrt{C_1 * C_2}$，如果测算结果 $C>1$，取 $C=1$。

4. 市民化水平 L

根据以上的分析，市民化水平 $L = \sqrt{D*C}$，L 的数值范围在 [0，1]，L 越大，说明剔除外部制度因素的影响后，由农民工市民化意愿和市民化能力所决定的市民化程度越高，离市民化目标越近。这里规定，当 0<L<0.25 时，农民工处于极低市民化状态；当 0.25≤L<0.5 时，农民工处于低市民化状态；当 0.5≤L<0.75 时，农民工处于中市民化状态；当 0.75≤L<1 时，农民工处于高市民化状态；当 L=1 时，农民工处于完全市民化状态。

（二）各类新生代农民工市民化进程测度

根据聚类分析的结果以及以上构建的市民化水平测度的指标体系，下面对各类新生代农民工的市民化水平进行测度，测算结果如表 7—5 所示。被调查的新生代农民工总体市民化水平为 70.59%，其中第一类、第二类、第三类新生代农民工的市民化水平依次提高，分别为 67.72%、71.45%、82.72%。

表 7—5　　　　　新生代农民工市民化水平的测算结果　　　　单位:%

	市民化意愿 D	市民化能力 C	市民化水平 L
第一类新生代农民工	45.86	71.40	67.72
第二类新生代农民工	51.05	1.00	71.45
第三类新生代农民工	68.42	1.00	82.72
所有新生代农民工	49.83	93.69	70.59
所有被调查农民工	54.37	80.95	66.34

为了增强前面构建的指标体系的说服力，下面将近年来一些研究机构和学者的研究进行整理和比较，表 7—6 是依据已有文献中的调查数据并结合前面构建的指标体系，经过整理计算而得。从表 7—6 可以看出，由于不同的研究机构和学者所用研究方法、测算对象、调查地点、调查时间的不同，测算出的农民工市民化水平有较

大差距，其中刘传江等用 2005 年武汉大学农民工课题组的调查数据研究得出的第一代农民工的市民化水平最低，为 31.30%；而根据 2000 年四川大学对成都农民工调查的数据资料计算得出的农民工市民化水平最高，为 70.01%。总体来看，已有研究得出的农民工群体的市民化水平在 45%—70% 之间，处于低市民化和中市民化水平，本章测算结果也基本在此范围内，因此前面构建的指标体系是合理的。

表 7—6　　一些研究机构和学者对农民工市民化进程的测算结果　　单位：%

研究者及所用调查数据	测算对象	农民工市民化意愿	农民工市民化能力	农民工市民化程度
2000 年四川大学对成都市农民工的调查	被调查农民工群体	56.00	87.52	70.01
2004 年肖云等对重庆农民工的调查	被调查农民工群体	53.30	60.90	56.97
徐建玲（2005 年 3 月对武汉市进城农民工的调查）	被调查农民工群体	56.47	54.29	55.37
刘传江和程建林（2005 年武汉大学农民工课题组问卷调查）	第一代农民工	18.09	54.16	31.30
	第二代农民工	46.21	54.61	50.23

由前面的测算结果可以看出，被调查的新生代农民工目前总体上处于中市民化阶段，并且其市民化水平高于被调查的所有农民工的市民化水平（为 66.34%），其中第一类和第二类处于中市民化阶段，而第三类处于高市民化阶段，该类新生代农民工的市民化水平比总体新生代农民工的平均水平高出 12.13%，比总体被调查农民工的平均水平高 16.38%。新生代农民工比第一代农民工有着更高的受教育程度、更高的收入水平，有着比第一代更强烈的"城市梦"，更加渴望融入城市，[1] 因此其市民化的意愿更强，这就导致了

---

① 柳建平、孙艳飞：《新生代农民工的收入水平与消费行为及其变动趋势》，《经济体制改革》2014 年第 4 期。

其比总体农民工的市民化水平更高。进一步地，在新生代农民工群体内部，由于他们在农村家庭条件、外出打工动机、留城意愿、受教育程度等方面存在差异，致使这一群体内部在不断发生分化，逐渐分化成了具有不同特征的群体：第一类和第二类新生代农民工以初中和高中文化程度为主，就业行业以纯体力劳动和服务业人员为主，一年当中基本有半年以上的时间在外务工，年收入大部分在25000元以下，其中有约36%的收入用于在打工城市的消费；第三类新生代农民工中有一半多的人具有大专及以上的学历，这也使这个群体中有近79%的人从事个体、管理员或专业技术工作，因此使其具有远高于第一类、第二类新生代农民工的年收入。不断发生的内部分化使得新生代农民工这一群体的市民化水平出现了差异，让条件不同的人在分化的道路上越走越远，差距越来越大。

五　结语

目前，我国农民工的总量已达到2.5亿，其中新生代农民工占半数以上，这一群体的发展目标和最终归宿是实现市民化。农民工市民化不仅仅是生活空间上的融合，更是生活方式的融合，涉及经济、社会、文化、制度等一系列深层次问题，实现这一庞大群体的社会融合，其艰巨性、复杂性可想而知。随着年龄的增长，20世纪80年代开始外出的第一代农民工已逐渐退出历史舞台，新生代农民工开始成为农民工群体的主力军，在社会主义市场经济体制不断完善的形势下，劳动力市场竞争日趋公平，优胜劣汰的竞争机制使得拥有不同资源和条件的新生代农民工群体内部的分化日益加剧，形成了具有不同群体特征的新生代农民工群体，不同群体的市民化进程也出现了差异。因此这一群体市民化的实现不可能一蹴而就、一步完成，有关部门在制定政策时，必须考虑分层、分阶段、有针对性地、循序渐进地实现其市民化进程，最终实现城乡一体化。

第八章

新生代农民工城市融入
问题分析

一　问题的提出

　　新生代农民工是伴随我国改革开放进程出生并逐渐成长起来的一支新型劳动大军，是当代中国年轻鲜活一代 "80 后"、"90 后"的一部分。随着第一代农民工逐步退出城市非农产业的趋势加快，绝大多数将重归农村，新生代农民工将逐渐成为农民工队伍的主体。根据《2013 年全国农民工监测调查报告》，2013 年全国农民工总量已达 2.69 亿，其中新生代农民工已占总数的 46.6%。未来 30年，将是我国工业化从中期向后工业化时期过渡的关键时期，同时也是面临挑战最为严峻的时期，而作为这一时期中产业工人主体的新生代农民工，其未来的发展及归宿，将对这一进程有着至关重要的影响。

　　从现状来看，新生代农民工群体的城市融入状况不容乐观：新生代农民工群体基本上没有务农的经历，甚至连基本的农业常识都缺乏，他们对城市的认同感远大于农村；这一群体有着强烈的 "城市梦"，从动机上看，他们基本上不是基于 "生存理性" 外出的，而是将进城务工视为改变生活方式和寻求更好发展的契机；他们渴望融入城镇，但又很难跨越横亘在面前的制度、文化之墙，想退回农村，却又缺乏务农的经验，做不了合格的农民，可以说新生代农民工面临着既无法融入城市又回不了农村的尴尬境地；文化认同和身份认同处于茫然状态，对个人的身份和城市市民对自己的看法异常敏感，对城市缺乏归属感和主人翁意识，无时无刻不在感受着城市的难以融入，他们就这样怀揣着青春与梦想，却漂泊在城市的边缘。新生代农民工的城市融入已成为目前我国社会经济结构转型和人口结构转变进程中一个重要的问题和难题。

尽管从融入空间来看，农民工的社会融入包括融入城市和回流农村两个方面，但未来经济社会的发展需要大量的新生代农民工能够融入城市社会，这既是国家工业化进程中对非农产业劳动力供给的需要，也是国家城市化进程中城乡社会结构转变的需要，更是一个社会在进步与发展中体现"公平、正义"的必然要求。新生代农民工城市融入问题的核心是由"农村人"向"城市人"转变的社会融入问题，这是工业化、城市化进程中无法回避、必须解决的一个问题。本章将围绕这一主题，从现状、矛盾、融入机制等方面对新生代农民工的城市融入问题进行分析。

二　相关文献综述及概念界定

（一）　相关文献综述

有关农民工城市融入的研究，最早可追溯至 20 世纪 90 年代。学者们的研究主要存在两种不同的观点：一种是城市融入的"过程说"，即强调城市融入的过程；另一种是城市融入的"结果论"，即强调城市融入的结果和状态。[①] 王春光（2001）最早提出了新生代农民工的社会认同与城乡融合问题，此后这一新生群体的城市融入问题成为社会各界热议和关注的焦点。新生代农民工的城市融入，是我国城市化进程中难以回避的一个棘手问题，近年来学者们试图从社会整合、社会网络、社会排斥、社会资本、社会距离、社会认同等理论视角，围绕新生代农民工的群体特征、城市融入现状、城市融入障碍、城市融入对策等角度进行阐述。这些研究主要包括以下四个方面的内容。

---

①　梅亦、龙立荣：《中国农民工城市融入的问题研究》，《江西财经大学学报》2013 年第 5 期。

　　一是对新生代农民工城市融入状态的研究。目前大多数学者认为新生代农民工群体已占据主导地位，他们更注重社会公平，更具维权意识，城市融入意愿也更强烈①，但是由于制度环境、城市偏见以及自身素质等因素的制约，新生代农民工群体的城市融入现状不容乐观。王春光（2006）提出新生代农民工在城市处于"半城市化"状态，何绍辉（2013）提出新生代农民工面临着无法融入城市又不能适应乡村生活的"双重边缘化"状态，刘丽（2012）则认为城市社会的偏见和排斥使新生代农民工在社会交往、社会流动和社会认同方面具有"内卷化"倾向。

　　二是对新生代农民工城市融入影响因素的研究。简新华（2011）、闫翅鲲和张立波（2010）等学者认为新生代农民工融入城市面临着制度、资金、法律、素质、观念等五大障碍和困难；罗莉和卢敏（2014）指出制度因素（主要指户籍制度）、经济因素（市场能力）、社会因素（社会参与及人际交往程度）、个人因素（自身素质及心理状况）等是制约新生代农民工城市融入的主要因素；梁如彦等（2014）认为现代城市就业机会的不均等、严格的户籍制度、高昂的生活成本以及心理素质和文化差异等是影响新生代农民工融入城市的无形障碍；王春光（2010）则从社会学的角度指出新生代农民工群体在城市融入上面临着三大难以化解的张力，即政策的"碎步化"调整与新生代农民工越来越强烈的城市化渴望和要求之间的张力、他们对城市化的向往与实现城市化的能力之间的张力、中央城市化政策与地方落实城市化措施之间的张力，长期处于这样的张力中，会导致更大结构张力的"半城市化"。

　　三是对新生代农民工城市融入内容的研究。何绍辉（2013）指出，新生代农民工的社会融入包括城市融入和返乡适应两个层面，家庭融入、社区融入、心理融入与子女融入是新生代农民工城市融入的新趋势；杨哲和王小丽（2014）研究了新生代农民工城市融入中的精神压力，发现市民认知、文化缺位以及制度阻碍是新生代农民工城市融入中精神压力产生的客观因素，而自身文化水平、理想

①　朱宇：《新生代农民工：特征、问题与对策》，《人口研究》2010年第2期。

与现实差距以及其游离心态是新生代农民工城市融入中精神压力产生的主观因素，并提出应从个人层面、社会层面以及制度层面来消减该群体城市融入中的精神压力；房彬（2014）基于文化接触的理论视角，指出在城市融入进程中，新生代农民工的乡土观念、消费观念、价值观念都发生了重大变化，而与城市文化的接触是他们观念发生变化的重要原因。

四是对新生代农民工城市融入机制的研究。唐红萍和杨映秋（2014）立足于社会学、政治学、心理学等学科知识，从社会保障制度、市民化素养提高、城乡群体心理鸿沟弥合、职业角色和身份定位、职业技能培训等方面提出了新生代农民工的城市融入机制；沈君彬（2012）从社会政策的视角提出了新生代农民工群体城市融入的"梯度双轨制路径"，即基于准入制的梯度"户籍化城市化"路径与基于居住证制的梯度"常住化城市化"路径；张国胜（2007）指出中国已经具备了构建农民工市民化的城市融入机制的有利条件，可以从改革户籍制度、社会保障制度、流动人口管理制度、整合城乡就业市场、构建城市安居工程、提升农民工的人力资本与培育其社会资本、消除社会歧视等方面来加快新生代农民工的城市融入进程。

总体来看，目前对新生代农民工城市融入问题的研究宏观方面研究较多，而对于他们的心理状况、精神压力等微观层面的研究较少。对城市融入状态定性研究较多，缺乏定量研究，如是否可以构建指标体系具体测算目前新生代农民工的城市融入状况；在新一轮的户籍制度改革背景下，具有不同"定居意愿"、"定居条件"的新生代农民工群体的城市融入路径有待明晰。谢建社（2012）等学者试图从社会政策的角度探讨新生代农民工的城市融入问题，但目前尚处于起步阶段，特别是对于如何建构有效的社会政策支持体系以促进新生代农民工的城市融入，仍有待于深入研究。

（二）新生代农民工城市融入概念的界定

"新生代农民工"一词源于学术界对中国特色农村劳动力流动研

究中，农民工队伍呈现出以代际区分为显著特征的一个群体称谓。新生代农民工是相对于第一代农民工而言，指在 20 世纪 80 年代以后出生、年龄在 16 岁以上并在城镇务工的农村户籍的青年农民工。新生代农民工群体主要由两部分组成，一部分一直生活在农村，另一部分跟随父母在城市长大，没有或者很少有农村生活经历。目前大多数学者普遍认为新生代农民工具有"三高一低"的特征：受教育程度高、职业期望值高、物质和精神享受要求高、工作耐受力低。① 2010 年的中央一号文件《关于加大统筹城乡发展力度 进一步夯实农业农村发展基础的若干意见》中，首次使用了"新生代农民工"这一概念，并力求采取针对性措施，切实解决新生代农民工问题。这一表述也就意味了"新生代农民工"这一庞大群体的现实问题已引起决策层的高度重视，并体现在国家具体的相关政策中。至此，有关新生代农民工问题已从学术研究层面走向解决问题的实践层面。

吉登斯（2003）认为"融入"就是指"少数群体或个人放弃原来的习俗和生活方式，调整自己的行为以附和主导性的价值和标准"，通俗地讲，就是指外来者改变他们的语言、衣着、生活方式和文化视角，成为新的社会秩序中的一个组成部分的过程。关于农民工的城市融入问题，存在两种不同的观点，即"过程说"和"结果说"，这里更倾向于将农民工的城市融入看作一个过程，指的是一个社会化的过程，涉及政治、经济、文化、社会、心理等层面的社会融合②，即农民工从原来所在地流入城市，通过身份、职业、生活方式以及文化认知等方面的调整与适应，逐渐被城市社会和市民所接纳和认同，同时建立起自己对自身市民化身份的认可，最终能够享受平等、公平的市民化待遇的过程，这是一个多维度的、动态性的概念。

---

① 魏顺宝：《新生代农民工就业问题研究述评》，《安徽农业科学》2012 年第 14 期。

② 田凯：《关于农民工的城市适应性的调查分析与思考》，《社会科学研究》1995 年第 5 期。

三 新生代农民工城市融入的现状和矛盾

（一）新生代农民工城市融入的现状

1. 双重边缘化

从融入空间来看，新生代农民工的社会融入包括融入城市和回流农村两个方面，目前来看，无论是城市社会融入还是返乡适应，新生代农民工都表现出"难融入"的特性，整体上陷入"双重边缘化"的境地。

首先，在城市融入方面，虽然新生代农民工已成为城市建设和发展不可或缺的主力军，虽然他们有较强的城市融入意愿，但城乡二元分治的户籍和社会保障等制度性因素的存在使他们无法享受到与城市居民等同的社会资源待遇，再加上新生代农民工自身职业技能、收入水平等的限制，直接导致了他们在城市社会中的边缘化状态。他们只是现代城市生活的向往者，他们被城市主流社会抛之于外，在城市社会中总是处在各种权益被遗忘的状态，在城市中处于边缘化的社会地位，这主要体现在：生活居住条件差，工作环境差；无法享受到应有的住房、就业、医疗等保障服务；很难融入城市主流文化中去；没有对话能力，在发生冲突时，地方政府往往做不到公正，而是从自身利益出发偏袒资方；发生劳工纠纷时，不知道该到哪些部门寻求帮助。

其次，在返乡适应方面，返乡的这部分新生代农民工是返乡创业群体中的主体，也是返乡群体中去农化的主体。新生代农民工群体比第一代农民工有着更高的人生理想和更强烈的城市梦，他们对城市生活的感知和美好想象始终支配着他们，这使得他们的身份认同比较模糊，既不认同自己的市民身份，又不认同自己的农民身份。[①]他们本就对农村和农业的了解不多，乡土情结很淡，对真正的乡村

---

① 魏晨：《新生代农民工的身份认同问题研究——以徐州地区为例》，《经济与社会发展》2006 年第 12 期。

生活缺乏体验和真实的触摸，其乡村社会化程度严重不足，在经历城市浪漫和激情生活的熏陶后，仅存的乡土记忆渐渐远去，乡村生活也似乎离他们越来越遥远。再加之乡村社会生活具有本身的特性，有其自身的生活、生存和运作逻辑，新生代农民工群体对这些生活方式和逻辑缺乏内化，当他们从务工城市返回后，对乡村已很陌生，无疑需要对乡村生活进行再社会化。

2. 内卷化

"内卷化"是指系统在外部扩张条件受到严格限定的条件下，内部不断精细化和复杂化的过程。在城乡两大文化异质体共存的背景下，再加之长期的城乡张力和相关制度惯性的存在，新生代农民工的城市生活呈现出明显的"内卷化"倾向，其社会交往和社会认同一直被限制在一定的范围和条件之内。新生代农民工和城市居民相比原本受教育程度就偏低，他们由农村流入城市，由农村文化氛围转入城市文化环境，产生文化与心理方面的不适应，无法很快融入城市环境，从而影响其与城市居民之间的人际交往，这种边缘人的处境使其呈现出一种边缘文化特征。由于无法获得正式的社会支持，无法真正融入城市主流生活，新生代农民工大多数长期都生活在城市社会的底层，很少参与城市社会活动，他们只能依赖大多来自由血缘、地缘、亲缘关系维持的交际网络中，并逐渐形成了一个不同于城市社会主流文化的亚文化圈。[①] 新生代农民工的社会交际网络大多局限在和自身境遇相似的同龄农民工中，交往的对象多为同乡及从其他地区来的农村务工人员，交往方式也比较直接，其与城市居民的交往一般只涉及业缘关系，而没有情感上的交流。这种亚文化的生活圈，其实是在新生代农民工无法完成向上的社会流动的情况下不自主形成的。这个亚文化圈所内化和认可的社会规范、人际交往原则等都是乡域社会中的独特逻辑，与城市社会的运作逻辑之间存在较大的差异。在这层意义上讲，新生代农民工目前处于"一个城市两种居民"的隔离状态，他们与城里人之间的隔膜尚难

---

① 郭晓宁：《新生代农民工城市融入问题的社会学分析》，《和田师范专科学校学报》（汉文综合版）2011 年第 2 期。

以消除，这也进一步加剧了他们的"内卷化"趋势，让新生代农民工缺乏对城市的归属感及主人翁意识，阻碍了其融入城市的进程。

3. 半城市化

王春光（2006）指出，目前新生代农民工在城市中处于"半城市化"状态。新生代农民工虽然收入水平低、生活条件差，但是在其进入城市之后，凭借其相对于第一代农民工的年龄、受教育程度方面的优势，在学习和模仿中很快就适应了城市的生活习惯、行为方式、消费形式、价值理念等等。新生代农民工已经不习惯农村生活，他们来城市的目的不再仅仅是赚钱，更多的是"体验生活，实现梦想"。但是现行的城乡二元体制给他们带来的农民工身份是抹杀不了的，城市只是在经济上接纳农民工，城市居民长期形成的优越感和根深蒂固的歧视与偏见让他们未能从心理上接纳新生代农民工这一群体，更多的是排斥，从而限制了他们之间进一步深入的交流与沟通，也加剧了新生代农民工群体的城市"过客"心理，使他们对城市生活失去信心。对于新生代农民工而言，城市社会只是他们挣钱的场所，既不能安居也不能乐业。这种"半农半城"、"非农非城"的半市民化状态让新生代农民工对自己的身份认同也陷入茫然状态，他们有时候觉得自己像城里人（尤其是在和留守农村的亲戚朋友比较的时候），也在尽力地使自己在衣着、谈吐、言行举止方面像个"城里人"；有时候又觉得自己是"乡下人"（尤其是在受到城市居民的歧视或遭受不公正待遇时），容易产生自卑心理，虽然有融入城市的愿望，但在残酷的现实面前，往往缺乏融入城市社会的实际行动。

（二）新生代农民工城市融入过程中的矛盾

农民工大量涌入城市在推动城市迅速发展的同时也产生了大量的问题和矛盾，尤其是新生代农民工，其和第一代农民工相比有独特的特性，在融入城市过程中对城市提出了更高的要求，这也导致其与城市之间的矛盾和问题更加突出。对新生代农民工融入城市过程中产生的问题和矛盾的深刻认识和准确把握，是采取有效措施和解决新生代农民工城市融入问题的重要前提。总体来看，新生代农民工在城市融入过程中与城市之间的矛盾和问题主要表现在以下几个方面。

1. 新生代农民工强烈的城市融入意愿与城市社会藩篱之间的矛盾

大多数研究和调查显示，新生代农民工大多普遍认同城市的文化、生活习惯，普遍接受城市现代文明成果，对城市有较高的认同感。如武汉大学人口·资源·环境经济研究中心 2009 年对武汉市农民工的调查数据显示，新生代农民工仅 13.2% 打算以后回老家，其余 57.9% 打算留在城市，28.9% 打算回老家县城（小城镇）。根据笔者所做的四次社会调查，在流动动机方面，新生代农民工选择进入城市追求个体发展的平均比例是 38.68%，而第一代农民工的这一比例为 16.53%；在择业意愿方面，新生代农民工选择"有保障"、"轻松舒适"、"有发展前途"、"能获得尊重"、"能从中学到知识、技术"的平均比例为 47.26%，而第一代农民工的这一比例为 41.23%，同时，新生代农民工选择"较高收入"的平均比例是 47.34%，而第一代农民工的这一比例为 54.59%。[1] 从这些数据可以看出，新生代农民工已不再像第一代农民工那样单纯地基于"生存动机"外出，而是越来越倾向于基于"发展动机"外出，对他们而言，虽然收入因素仍然是择业时考虑的首要因素，但这一因素的重要性正逐步下降，在他们简单朴素的想法中，城市无论如何都是比农村"好"的，他们进入城市更多的是为了谋求更好的发展机会，希望能够在务工城市获得稳定的生活和工作，他们大多数已经把城市当作自己的"家"，他们渴望融入城市，享受城市现代文明成果，成为真正的市民。

然而从目前的情况来看，由于经济地位、文化背景等方面的较大差距，再加之已有体制惯性的存在，新生代农民工融入城市的梦想和现实距离还太远。

首先，从体制方面看，与其他国家的户籍管理不同，我国实行的是城乡分治的户籍制度，而现有的医疗、就业、社会保障和教育

---

① 柳建平、孙艳飞：《新生代农民工就业行为、收入水平及其变动趋势》，《农村经济》2014 年第 8 期。

等制度都是和户籍制度捆绑在一起的。在这种制度框架内，新生代农民工无法与城镇居民拥有同等的权利，由此带来的是新生代农民工在子女教育、职业培训、社会福利、医疗、就业等领域的机会不均等，这种不平等机会决定了新生代农民工依然被排斥于城市社会生活之外，仍被游离于现有社会保障体系之外，最终造成新生代农民工职业角色与身份的背离。对于新生代农民工来说，国家为他们提供的优惠政策非常有限，通常仅限于清理拖欠工资问题和改善就业环境等，职业歧视、工资歧视等不平等待遇依然长期存在。

其次，从城市社会对农民工的歧视和偏见看，城市居民并不十分认可他们为城市现代化建设所做出的巨大贡献。根据卢国显（2006）所做的调查研究，70%的市民认为是农民工扰乱了城市治安；近70%的市民认为农民工破坏了城市环境；有多于50%的人认为是农民工造成了交通堵塞；有不到40%的市民认为农民工抢了市民的饭碗。城市对新生代农民工的排斥、城市居民对新生代农民工的歧视和不认同和新生代农民工对城市文明、生活方式、消费行为的认同，加大了他们和城市之间的距离，导致新生代农民工和城市之间产生了较大矛盾。

2. 新生代农民工对公平、机会均等的诉求与体制改革滞后之间的矛盾

新生代农民工在学校、家庭和社会环境的影响下，自由、平等观开始萌芽，初步形成了公民意识。虽然这些平等和民主的观念相对显得朴素、粗糙，但至少说明新生代农民工和第一代农民工相比对自身基本权益更加看重，权益保护意识更加觉醒。新生代农民工已经不能满足于父辈们在城市的生活状态，他们需要在城里有尊严地生活和成长，希望获得稳定的工作和收入，有顺畅的发展空间；他们希望建立健全、公平的社会保障体制，能够和城市居民享受同等的待遇；他们渴望融入城市主流社会，像个真正的"城里人"一样。

新生代农民工作为普通公民同城市公民的公民基本权利均等，是他们在现实社会有平等的竞争机会的基础，也是一个国家现代城市文明的重要基石。但是我国在经济快速发展的同时，社会管理体系

并未发生根本改变，对于新生代农民工而言，制度性障碍仍未消除，制度上的制约，导致了新生代农民工权益不能得到可靠保障。虽然近些年农民工权益保护在一定程度上得到改善，如拖欠工资情况得到很大程度的遏制，工资待遇、工作环境、安全保障、医疗保障等方面均得到一定程度的提高，但这些制度的变革速度远远落后于经济社会发展的速度。新生代农民工权益从最根本的社会制度层次就没能得到有效保障。根据中国青年报社会调查中心2010年的调查，55.5%的新生代农民工赞成尽快放宽城市落户政策；55.1%的人认为要把他们纳入城镇职工社保体系；52.7%的人支持着重对新生代农民工进行职业技能培训和教育；50.9%的人认为廉租房或经济适用房应该向他们开放；49.2%的人赞成有稳定劳动关系的农民工先纳入城镇职业基本医疗保障。又如，我国法律法规实施和发展也跟不上时代步伐，不能及时有效保护新生代农民工的合法权益。如《劳动法》规定农民工应当参加法定的基本养老、医疗、失业等社会保险，但根据《2013年全国农民工监测调查报告》，2013年所有农民工中享有养老、工伤、医疗、失业、生育保险的比例分别仅为15.7%、28.5%、17.6%、9.1%、6.6%。又如，劳动合同是确认劳动关系双方权益的最基本的合同，但现实中劳动关系双方签订正式劳动合同的农民工数量严重不足，根据笔者所做的农村社会调查，2012年新生代农民工中未签订就业合同的约占53.1%，签约率低导致农民工的各项权益得不到有效保障，可能遭遇工资报酬随意克扣、工作条件得不到维护、安全状况没法保障的问题。

3. 新生代农民工群体与城市同龄主流群体间的矛盾

在社会学家戈夫曼的戏剧论中，他特别关注"印象管理"，这是个体引导和控制他们形成对他或她的印象方式①，也就是如何在他人心目中塑造一个自己所希望的印象。新生代农民工试图通过衣着、谈吐、消费行为、思想观念等方面的塑造，谋求自己城市人的形象，然而这种印象管理并没有起到根本性的作用。城市居民对新

---

① 〔美〕鲁思·华莱士、〔英〕艾莉森·沃尔夫：《当代社会学理论——对古典理论的扩展》，刘少杰译，中国人民大学出版社2008年第6版。

生代农民工隐蔽性的、潜在的社会歧视仍然存在，并不时地在一些场合或言语中流露出来，甚至表现在一些行动中。新生代农民工对自己的身份和城镇居民对自己的看法、态度显得尤为敏感，他们在与城市社会近距离的交往中经常能深切地感受到城市居民对乡村人的普遍歧视现象，这让他们逐渐开始意识到城市是一个充满势利、没有人情、斤斤计较、缺乏信任的社会。新生代农民工的身份是农民，职业角色是城市工人，这种尴尬的处境，不可避免地造成他们消极、自卑的社会心理：与城市同龄人相比，他们的经济条件较差，文化程度相对较低，就业层次不高，难以适应城镇的生活节奏。在城市社会的排斥和不被城市主流人群认同的情况下，新生代农民工通过地缘、亲缘以及其他途径逐渐形成了自己的亚文化生活圈，为了实现与城市的融合，他们往往倾向于在同一群体内部成员之间进行交往，并试图通过与群体内部成员的比较来寻求群体内部的认同，以期获取相对较高的自尊与满足感，获得正面的认同。但是，这样两种不同的文化圈和文化认同观如果长久发展下去，将会导致"一个城市两个群体"的新的二元隔离状态，甚至会影响社会的稳定，加之新生代农民工的数量庞大，所以城市和整个社会都不会允许这种主流社会和边缘地带双重结构的长期存在。城市如何让他们之间在文化、价值观以及对城市的认同等方面有较多的共同感，逐渐化解和消除这两个主流群体之间的障碍，从而实现他们之间的良性融合是解决新生代农民工融入城市的重要内容。

4. 新生代农民工较低的工资水平与渴望"体面的城市生活"之间的矛盾

工资水平的高低决定了物质生活层次的高低。城乡分割的劳动力市场使新生代农民工只能从事城市低端劳动，这使得他们的工资水平较低；另外，新生代农民工和第一代农民工相比，家庭负担较轻、受教育水平较高，致使其消费观念和行为和第一代相比发生了很大的变化，他们追求更高的消费层次，渴望在城市"体面"地生活。较低的收入水平和"体面生活"的物质要求之间产生了很大的矛盾，这甚至导致了他们消费的矛盾、扭曲心理。① 根据笔者所做的四次社会调查，第一代农民工一年的打工总收入中平均有 80.5% 回寄给了农村家庭，而新生代农民工的这一比例为 64.51%。如图8—1 所示，总体来看，新生代农民工的人均月收入低于第一代农民工，高于城镇和农村居民的人均月收入（值得注意的一点是，这里所说的城镇居民的收入指的是其工资性收入，假如加上各种非工资性收入，其总收入是高于新生代农民工的收入水平的）；从图8—2 来看，新生代农民工的人均月消费低于城镇居民，高于第一代农民工和农村居民。一般来说，消费水平是和收入水平成正比的，但是对于新生代农民工而言，其人均月收入低于第一代农民工，人均月消费却高于第一代农民工，这在某种程度上反映了他们消费的矛盾心

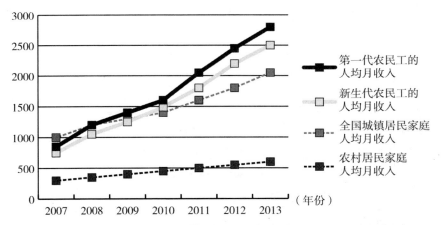

图8—1　两代农民工与全国城乡居民的人均月收入情况对比（2007—2013）（单位：元）

注：图中全国城镇居民家庭和农村居民家庭人均月收入是由当年全国城镇居民家庭人均可支配收入（或农村居民家庭人均纯收入；数据来源于各年的《中国统计年鉴》）/12 计算求得的；2007 年、2008 年、2010 年和 2013 年两代农民工的人均月收入是由实际的调查数据计算而得，而 2009 年、2011 年和 2012 年两代农民工的人均月收入是根据已有调查数据按照等差数列填充的，如 2009 年第一代农民工的人均月收入＝（2008 年第一代农民工的人均月收入＋2010 年第一代农民工的人均月收入）/2。

---

①　柳建平、孙艳飞：《新生代农民工的收入水平与消费行为及其变动趋势》，《经济体制改革》2014 年第 4 期。

理：在消费观念上，他们极力想与城市居民的消费水平相当，而实际上却达不到与期望的消费水平相适应的收入水平，这就导致了在有限的经济能力下，出现了与之不符的"高消费"，或只重表面、忽视实用的"炫耀性消费"。另外，新生代农民工的消费行为在很大程度上还受其参照群体，即"生活圈子"的影响：作为农民，他们要参照家乡成员的消费方式，作为打工族，他们又不可避免地要参照城里的某些消费方式，由于多重利益的不同影响，大多数新生代农民工最终还是倾向于对家乡的认同，因而在实际中，除必需的生活消费和"炫耀性消费"外，新生代农民工还是将大多数收入回寄家庭。在现实的收入水平和期望的高档次消费之间，新生代农民工往往陷入两难的境地，特别是近年来物价大幅度上涨，他们处于更尴尬的境地，经济方面的拮据与在城市"体面"生活的要求之间的矛盾困扰着超过 75% 的新生代农民工。

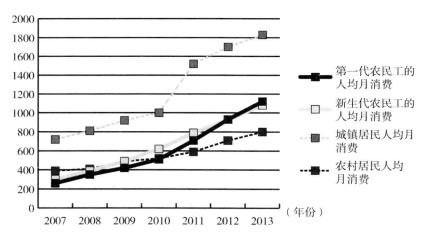

图 8—2　两代农民工和全国城乡居民的人均月消费情况对比（2007—2013）（单位：元）

注：图中全国城镇居民家庭和农村居民家庭人均月消费是由当年全国城镇居民家庭人均可支配收入（或农村居民家庭人均纯收入；数据来源于各年的《中国统计年鉴》）/12 计算求得的；2007 年、2008 年、2010 年和 2013 年两代农民工的人均月消费是由实际的调查数据计算而得，而 2009 年、2011 年和 2012 年两代农民工的人均月消费是根据已有调查数据按照等差数列填充的，如 2009 年第一代农民工的人均月消费=（2008 年第一代农民工的人均月消费+2010 年笫一代农民工的人均月消费）/2。

5. 新生代农民工问题日益凸显与政府应对能力不足、"碎步化"改革之间的矛盾

随着第一代农民工年龄的增大和逐步回流农村，新生代农民工逐渐成为农民工群体的主体，同时这一群体的城市融入和市民化问题也日益凸显，这样一个庞大的人群的社会融入问题关系到我国城镇化目标的实现和整个社会的长治久安。近些年来针对农民工问题，国家颁布和实施了一系列新的政策法规，然而政府应对农民工城市融入问题的态度、能力以及这些已经调整好的社会政策法规的实施效果究竟如何值得考究。一方面，各级政府的应对能力不足（见图8—3），拿新修改的《劳动合同法》来说，王春光（2010）关于新生代农民工的研究中，以沿海某城市的劳动监督部门为例，论述地方政府的相关部分因管理人员数量少而无法实行监督《劳动合同法》的落实情况。另一方面，要真正实现农民工群体的城市融入，就要对已有的各种制度、政策进行大幅改革，这必然会触及各方面的利益关系。而且，农民工城市融入的真正实现，意味着需要在公共基础设施、教育、医疗等方面进行大量的资金投入，耗费巨额的成本，这也是各级政府在考虑农民工融入问题时顾忌的一个问题，他们只期望农民工为其创造财富，却不想让其来分享"劳动果实"。

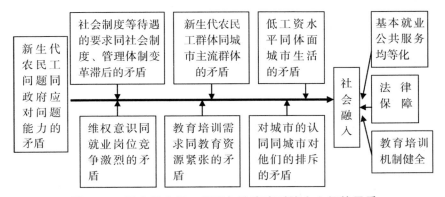

图8—3　新生代农民工问题与政府应对能力之间的矛盾

四　新生代农民工城市融入机制

新生代农民工作为我国产业工人的主力军已登上历史舞台，从以上的分析中可以看出，他们为我国的现代化建设贡献力量的同时也同社会和城市产生了较多摩擦和矛盾，其城市融入现状不容乐观。因此，社会、政府有必要从下面几个方面进行努力，以期加快这一群体融入城市的步伐。

（一）　加快户籍制度改革的步伐

这是构建新生代农民工乃至所有农民工的城市融入机制的制度基础，也是城乡体制整合的关键。从前面的分析中可以看出，新生代农民工与城市居民在就业市场上的分割、亚文化生活圈的形成等都与因户口而导致的身份的不同有很大的关系。因此，新生代农民工要想融入城市生活，首先要在身份上实现与城市居民的统一，这就意味着要在全国范围内实现全国统一的户籍登记制度；其次，要逐步分离附着在户籍上的就业、社会保障、子女教育等公共服务和社会福利功能，逐步消除新生代农民工自由、平等地进入城市公共服务体系的障碍；最后，要分类逐步地推进新生代农民工在城市落户：进一步开放小城镇户口、适当开放中小城市户口，对长期在中小城市务工和生活的新生代农民工准予办理常住户口，大城市也必须逐步允许那些有稳定工作和固定收入的新生代农民工在城市安家落户。

（二）　完善社会保障制度

妥善解决新生代农民工的社会保障问题，是构建新生代农民工市民化城市融入机制的重要措施，也是进行城乡体制整合的重要内容。以社会保障替代土地保障，是农民工从农村迁往城市、融入城市的必要条件，完善农民工社会保障机制，不仅是实实在在的民生工程，也是回归社会公平公正的重要举措。政府要着力构建农民工的社会保障制度，让他们公平享有与城市居民同等的社会保障水平，让社会公共服务切实能够惠及进城农民工群体，尤其是新生代农民工，让他们能够平等参与政治、经济、文化、生活等各种活动，让农民工群体能够共享我国改革开放和经济发展的成果。

（三）加强职业技能培训，提升新生代农民工的人力资本

对于新生代农民工而言，人力资本的提升不但有利于其职业地位的改善，而且有利于其经济地位的提升，还有利于其与城市社会的融合。现代科学技术的飞速发展使得大多数工作岗位对员工各方面的要求越来越高，新生代农民工的知识水平，已不能满足现代企业工作职位的需要，掌握一项适合自身的技能是新生代农民工在社会立足的基础。除了学校的正规教育，职业技能培训是人力资本提升的一个重要途径，因此显而易见的政策导向是：鼓励城市政府的教育培训体系向农民工尤其是新生代农民工开放，积极引导其进行再教育和继续教育；鼓励用工单位加强对农民工的技术培训；继续加大对农民工输出地的"农村劳动力转移培训阳光工程"的支持力度，千方百计地提升新生代农民工的人力资本。

（四）培育新生代农民工的社会资本

社会资本是指个体从社会网络和其身处的社会制度中所可能获取的社会资源，包括个体层面的社会关系网以及个体能够从制度中获得的资源。这些社会资源对新生代农民工的就业会起到非常重要的作用，能帮助他们进行向上的职业流动。目前来看，新生代农民工的社会资本远远低于城市市民的平均水平，因此社会各界应加大对其进行社会资本培育：首先，要帮助新生代农民工尽快融入城市社区，在血缘、地缘基础上增加新的城市关系；其次，要考虑制定新的公共政策以鼓励新生代农民工群体和城市居民之间的沟通交流；最后，要鼓励民间机构、志愿者组织深入到农民工聚居地，帮助农民工群体融入城市社会。

五 结语

　　各个社会阶层和各种社会力量的交叠使中国社会呈现出多元化特征，所有这些问题的解决，必须要有步骤、循序渐进地进行。世界各国的城市化实践表明，即使在没有像中国这样的城乡二元体制的情况下，农村人口进入城市、完成城市化也是一个需要不断学习和适应的过程，并不是一蹴而就的，这个过程一般要历时一代人。新生代农民工的城市融入是我国城镇化进程中不能回避的一个重要问题，这种融入是一个持续性的过程，包括生活方式、思想观念和价值理念等方面的全面融入。要让这些不具有市民化身份但又几乎完全依赖城市的新生群体融入城市，首先必须解决他们在城市的生存与立足问题，只有具备了坚固的物质基础，才能实现个人的长远发展，并进一步完成在文化生活层面的社会融合。

第九章

新生代农民工市民化的
体制与制度创新

肇始于改革开放、历经 30 多年的大规模农村劳动力流动就业，为国家的经济建设和社会发展做出了巨大贡献，但同时在这一过程中表现出的有违常规经验的"非典型性"现象一直困扰着国家的现代化进程，有流动而无定居的农村劳动力非农就业意味着经济增长与社会发展的割裂。如果说第一代农村外出劳动力在经历多年的流动就业后仍回归农村，其中自有其"必然"因素，而对于出生于改革开放后的新生代农民工，所谓的这些"必然"因素中的大多数已经解除，新生代农民工已具有与第一代农民工完全不同的发展条件和环境，也具有和第一代农民工完全不同的个性特点和群体特征。同时，随着中国经济、社会及人口结构转型步伐的加快，经济发展方式转变和经济结构转型升级迫切需要产业工人素质和技能水平的提高，在长期二元体制下形成的城乡差距及城市化落后于工业化的现状亟须改善，特别是经济发展已进入"刘易斯转折点"、农村向非农产业的劳动力供给已呈现明显不足和短缺的态势下，推进农民工市民化特别是新生代农民工市民化已成为当前及未来国家经济社会发展中的一项重要工作和任务。为此，2010 年中央一号文件明确提出，要采取针对性措施，着力解决新生代农民工问题，促进新生代农民工市民化。2013 年国家提出了"三个一亿人"的新型城镇化战略，明确提出了到 2020 年实现一亿具备条件也有意愿的农业转移人口落户各类城市和城镇的目标。这表明有关新生代农民工问题在经多年的学术讨论后终于被纳入最高决策层的议题。尽管如此，由于农民工市民化关联方方面面的利益关系，也面临诸多困难和问题，关于新生代农民工市民化这一议题仍处于政府表征性提议阶段，截至目前还未有实质性进展。关于如何实现农民工市民化这一问题，需要学术界和决策界共同探讨和努力。本章内容将在前述内容的基础上，以市民化为视角概括新生代农民工的群体作用、特征和现状，以此为逻辑起点，从外在因素和内在因素两个方面来分析新生代农民工市民化所面临的主要问题，进而提出相应的体制与制度创新的建议。

一　新生代农民工群体特征及市民化现状

（一）市民化视角的新生代农民工群体作用和特征

1. 新生代农民工将是构成我国产业工人的主体力量

发达国家的经验表明，农村劳动力大规模地向城市转移是工业化、城镇化发展进程中的必然现象，也是推进工业化、城镇化发展的必要条件和重要力量。目前随着我国工业化、城镇化进程的快速推进，农民工已经成为国家产业工人的主要组成部分。特别是 21 世纪以来，随着新生代农民工的不断加入，农民工队伍中的新生代比例不断提高，他们已成为农民工队伍的主体。2013 年，全国农民工总量为 26894 万人，其中新生代农民工达到 12528 万人，占农民工总量的 46.6%，占 1980 年及以后出生的农村从业劳动力的比重为 65.5%，新生代农民工正在逐渐成为农村外出务工大军中的主力。[①] 根据当前我国人口结构转变特点及趋势，未来十年中，新生代农民工将会成为国家产业工人队伍的最主要力量。当前，中国经济正处于工业化中期向后工业化转变的关键时期，经济发展方式的转变和产业结构的调整，以及社会结构转型，特别是城乡结构的一体化将是今后一段时期内的重点内容，要顺利实现这一转型，建设一支稳定的、高素质的产业工人队伍至关重要。因而，新生代农民工将作为未来国家产业工人的主体力量，其随后的发展以及未来的

---

① 《新生代农民工渐成主力》，2014 年 5 月 13 日，经济日报（http://finance. sina. com. cn/roll/20140513/053019084796. shtml）。

归宿问题，应是全社会必须共同关心的重大问题。

2. 新生代农民工是我国城乡社会结构转变的主要力量

二元结构的最显著问题就是城乡社会结构。改革开放以来的农村劳动力流动对促进国家工业化和城市化、推动城乡社会结构变迁发挥了重要的作用。根据中国社科院《社会蓝皮书》显示，2011年中国城市化水平首次超过 50%（以常住人口计算的城市化率），比 2000 年提高了 13%。但在这一进程中，工业化与城市化不同步现象长期存在，即城市化总是迟滞于工业化的发展水平和速度、迟滞于劳动力就业结构的变化。由于城市化长期滞后于工业化发展水平，导致城市就业扩张力度及城市基础设施条件等不能与工业化水平相匹配，进而使得我国大量农村劳动力不能随工业化进程实现向城市的定居迁移，从而导致这一进程中农村人口城市化因缺乏基本的依托条件而严重滞后。这一现状严重制约着我国城乡社会结构与工业化发展阶段、水平相匹配的转变，也将是未来国家需着力解决的一个重大问题。2013 年国家提出了新型城镇化战略，提出了到2020 年实现一亿具备条件也有意愿的农业转移人口落户各类城市和城镇的目标。那么，这一亿人应主要是哪些人，毫无疑问，应是新生代农民工。因此，新生代农民工不仅是国家产业工人的主体，而且还是推动我国农村人口城市化及城乡社会结构转变的主要力量。

3. 新生代农民工具有强烈的市民化意愿

2011 年我国已有近三成的农业人口居住在城镇，这一数量为城镇常住居民总数的 39.5%[①]，其中相当部分为新生代农民工及其家属。虽然他们长期居于城市、工作生活于城市，但由于中国特色的户籍制度，致使他们没有正式的城市户籍，也意味着他们不能和城市户籍人口一样享受同等的福利待遇。职业与身份的背离、社会待遇的不公，以及对未来发展的期望，使得他们对市民化有着强烈的意愿。2011 年 12 月，中国家庭文化研究会发布的《新生代进城务工者婚恋生活状况调查》显示，96% 的新生代农民工不愿再回乡务

---

① 中国社会科学院社会发展综合指标实验室：《2011 年中国民生问题及城市化问题调查》，《中国社科智讯》2012 年 4 月 6 日。

农，57%的新生代农民工希望在城市定居。① 新生代农民工是出生在改革开放之后的"80后"、"90后"，无论成长于农村还是随父母生活在城市，他们的成长条件、环境、所受教育、价值观念等决定了他们更加认同城市生活方式，他们中的绝大多数不愿意也难以适应农村的生产生活方式；新生代农民工具有强烈的个人发展意识，他们更加偏好在打工中获得知识、技能，更加注重在学习、培训上投资，以提高自己的人力资本，实现个人的长远发展；新生代农民工具有鲜明的时代性特征，他们成长在一个正逐步走向民主法治化、经济市场化和文化多元化的现代社会变迁之中，无论价值观念还是行为方式都具有现代城市性，离不了网络、超前型的现代消费、更加追求享乐、更倾向轻松舒适的工作。这些特点所折射的无疑是他们对现代城市的认同和向往。

4. 新生代农民工已初步具备市民化的基本能力

尽管农村人口市民化强调社会意识及行为上的市民化，如思想观念、生活方式、行为方式、社会组织形态等都须由农村范式向城市范式转变，但这些转变无疑是一个农村人在进入城市、有一份相对稳定的工作和收入并在城市长期的生活中逐步修养而获得的，这种转变往往是一个潜移默化的过程，甚或是相当漫长的一个过程。从这一过程来考虑农民工市民化，首要的是个体的经济能力问题。因此，经济市民化，即具有较为稳定的工作及支持家庭城市生活的能力，是农民工市民化的基础条件。进入21世纪以来，中国农村劳动力流动发生了一个根本性变化，这就是始于2004年及之后遍及全国的"民工荒"、"招工难"和"涨薪潮"现象，长达10年之久的这一现象明确地表明，中国经济发展已进入一个新阶段，即已进入"刘易斯转折点"。随着农村劳动力向非农产业供给的不足和短缺的发生，近多年来农民工工资价格有了大幅提升，根据笔者多次的调查研究结果表明，从2009年开始，新生代农民工的月平均收入超过全国城镇居民人均月收入，之后持续走高，到2013年，

---

① 中国家庭文化研究会：《新生代进城务工者婚恋生活状况调查》，《中国妇运》2012年第2期。

新生代农民工年平均收入已超过全国城镇居民年人均可支配收入，并且农民工收入与全国城镇居民的收入差距有继续加大的趋势。这一趋势表明农民工在城市的收入水平已发生根本性的转折，至少说明部分新生代农民工市民化的经济条件已初步具备。

（二）新生代农民工市民化现状

城市化源于工业革命，与工业化同步。城市化的本质是人口的城市化，而人口城市化的实质是"市民化"。发展经济学"人口城市化"理论和市场制度国家的发展经验都表明：在农村人口城市化过程中，农村人口职业的非农化和身份的非农化是一个同步合一的过程。而在当代中国，由于特殊的制度遗产和渐进式改革模式，农村流动人口并没有同步合一地实现职业转换和地域转移，而是呈现出与市场经济国家截然不同的"中国路径"：农村人口的城市化过程被分割成两个子过程，第一阶段是从农民（农村剩余劳动力）到城市农民工的过程，即农民非农化过程，目前这一过程已无障碍；第二阶段是从城市农民工到产业工人和市民职业和身份的变化过程，即农民工市民化，至目前依然步履维艰。[①] 从当代中国的实际情况来看，农村人口城市化进程表现得异常落后。虽然改革开放以来国家城市化水平有了长足发展，但与工业化发展水平相近的国家或地区相比，中国的城市化进程可谓异常缓慢。2000 年时，中国城市化率不足 40%，仍然大大低于发展中国家近 50% 的平均水平。《2012 年国民经济和社会发展统计公报》显示，2012 年我国城镇常住人口为 71182 万人，占总人口比重的 52.6%，其中城镇户籍人口占总人口的比例为 35% 左右。但实际上大多数农民工并没有真正实现市民化，也就是说，在当今城市常住人口中，有相当部分是没有城市户籍的农村流动人口。总体来看，目前农民工市民化的现状可定性为"半城市化"和"虚城市化"。

从城市融入来看，中国农民工呈现出制度异化、经济限制、生

---

① 刘传江、徐建玲等：《中国农民工市民化进程研究》，人民出版社 2008 年版，第 27—30、244—245 页。

活隔离与心理排斥的状态。① 所谓制度异化是指偏向城市的制度安排，使得农民工群体一方面随中国产业结构的调整、升级与城市化水平的提高而越来越弱化，另一方面，作为外来人口的农民工不能参与当地政权的管理，所以他们缺少必要的发言权和影响力，这就使得现有城市社会的制度体系难以出现向向农民工倾斜的调整和改革，使得他们缺少融入城市社会的公共服务和社会支撑。农民工与城市市民"同工不同时、同工不同酬、同工不同权"等现象还十分突出。经济限制主要反映在城市劳动力就业市场的分割，绝大多数农民工只能在城市非正规市场寻找工作。生活隔离就是农民工居住的边缘化与生活的"孤岛化"。农民工在城市的居住区位被人为地导入了一个狭窄的空间，在这个空间中，形成了低层次的职业集中、低教育水平的集聚、低收入与高流动的并存。居住与城市的隔离，使得农民工的生活缺少更大的公共生活空间，因而只能局限于自己的生活圈子和有限的以血缘与地缘为基础的生活空间中，从而形成了类似乡村文化生活的村落生活。社会心理的彼此排斥，一方面由于城市市民的傲慢所形成的对农民工群体的排斥，另一方面农民工本身也由于这种排斥而开始逐步产生自我群体的认同而排斥与拒绝城市市民，这样城市的两大社会群体就形成了心理的排斥，形成了严重的社群隔离。

随着农村劳动力流动在时间方向上的演进，农民工群体的内部结构发生了深刻变化，出现了在资本占有、经济收入、社会声望、价值取向等方面有很大差异的等级群体②，特别是基于农民工代际差异的内部分化尤为突出。这是因为当"应然"的农民工市民化在整体上难有实质性进展的状况下，农民工内部分化或许能为这一难题提供破解之道。实际上就农民工内部的代际差异来看，第一代农民工中的绝大多数外出流动就业，其直接目标是获取非农就业相比农业生产更高的收入，改善家庭经济状况。这一目的以及对城市的

---

① 张国胜：《农民工市民化的城市融入机制研究》，《江西财经大学学报》2007 年第 2 期。
② 唐灿、冯小双：《"河南村"：流动农民的分化》，《社会学研究》2000 年第 4 期。

适应性、对自身能力以及诸多方面的考量，使得他们中的大多数并无意于长久留于城市，而新生代农民工有着强烈的市民化意愿使其成为急需市民化且易于市民化的群体。刘传江、徐建玲利用武汉大学人口·资源·环境经济研究中心 2005 年农民工课题组问卷调查数据，从新生代农民工收入水平、职业状况、居住条件、城市融入、市民化意愿等方面，通过构建农民工市民化进程测度指标体系，对新生代农民工市民化进程进行了定量测度。结果表明：新生代农民工（原文称为"第二代农民工"，本质同于"新生代农民工"，按作者所说，以"第二代农民工"相称是为了强调其社会学含义）处于市民化的中间阶段，即新生代农民工在心态和文化习俗上更接近于市民，对城市的认同感较高，具有强烈的市民化意愿。但现行户籍制度、就业制度、社会保障制度等制度安排，又将他们排斥在城市体系之外，使得他们的市民化进程受阻。同时，由于第二代农民工绝大多数不愿甚至没有能力退回到农村，使得新生代农民工成为"进不成、退不就"的"悬着的一代"。[①]

二　影响新生代农民工市民化的因素

（一）外生因素

1. 政治制度因素

城乡二元制度的束缚，使得新生代农民工生活在城乡社会边缘。受计划经济体制的影响，我国城乡形成了一种长期的二元社会结构，新生代农民工渴望着城市生活，却不被城市所容纳，他们的根在农村，却对农村逐渐陌生。他们希望通过进城打工经商，告别父辈们"面朝黄土背朝天"的生活现状，但是，严格的城乡户籍制度、高昂的城市生活成本和冷漠的社会歧视消磨着他们对城市的梦想；繁华、便利的都市生活不断消减着他们对农村存有的情感认

---

① 刘传江、程建林：《第二代农民工市民化现状分析与进程测度》，《人口研究》2008 年第 5 期。

同，使他们不再适应农村的生活方式。作为一个不愿回乡的城市"边缘人"，新生代农民工市民化的前途堪忧。

第一，户籍制度。

众所周知，中国的户籍制度一直将中国公民机械地划分为农业户口和非农业户口两种形式，并对异地间户口迁移实行严格的行政管制。从中国户籍制度的生成机制看，主要是基于 1953 年 4 月《关于劝止农民盲目流入城市的指示》、1955 年 6 月《国务院关于建立经常户口等级制度的指示》、1958 年 1 月《中华人民共和国户口登记条例》、1959 年《关于制止农村劳动力流动的通知》，以及 1964 年 8 月国务院批转《公安部关于处理户口迁移的规定（草案）》等文件而逐步建立起来的，这些文件的总体精神是强调户籍制度的城乡分割管理。此后，1975 年中国第二部宪法对公民迁徙自由的取消、1975 年 11 月国务院对"农转非"的严格控制，又强化了本已对立的城乡户籍制度。进入 20 世纪 80 年代以来，为满足社会发展的实际需求，城乡对立的户籍制度开始有所松动，代表性的文件主要有 1984 年 10 月国务院发布的《关于农民进入集镇落户问题的通知》、1997 年 6 月国务院批转公安部《关于小城镇户籍管理制度改革的试点方案》、1998 年 8 月国务院批转公安部《关于当前户籍管理中几个突出问题的意见》、2001 年 3 月国务院批转公安部《关于推进小城镇户籍管理制度改革的意见》以及 2004 年国务院办公厅颁布的《关于进一步做好改善农民进城就业环境工作的通知》等。虽然这些文件有针对性地就"农转非"问题出台了一些改革举措，但由于力度不足且覆盖面窄（仅解决了有特殊贡献的农民工的落户问题），加之"户籍制度遗产效应"，使得新生代农民工城市化仍被现行户籍制度所制约。

事实上，这些改革举措并未触及"农业户口"与"非农业户口"这一制度的本质。"农业户口"与"非农业户口"的户籍制度施行，一下子将全体成员分成"城里人"与"乡下人"两大阵营。作为"乡下人"的新生代农民工虽然可进城务工，但终究是"乡下人"，贴上"乡下人"标签的他们明显地区别于"城里人"。正如部分学者所言，对于"乡下人"来说，由于这一身份，决定了他们与城市市民存在着严格的差别：一是在社会认同方面，表现为"农民"与"市民"的区别；二是在社会关系整合方面，由于社会认同不同，引发了"本地人"与"外地人"的地缘区分；三是在社会分配体系中，又被延伸为"体制内"与"体制外"的差别。这些差别极大地阻碍着新生代农民工的市民化。

第二，社会保障制度。

社会保障制度是国家通过国民收入的再分配，依法对社会成员的基本生活权利予以保障的社会安全制度，目的在于不断提高社会成员的生活水平，促进社会稳定与发展。由于中国当前的社会保障体系主要是建立在户籍制度基础上的，因此具有严格的地域和身份指向，城乡间差别很大（如在保障项目、水平、覆盖面等方面）。这种情况下，社会保障制度对新生代农民工的关照就明显不足："边缘人"身份使他们无法享受城市居民享有的社会保障水平，而频繁的流动性又使之很难顺利享受作为农村居民的社会保障权益。因此，新生代农民工群体仿佛身处社会保障"隔离带"，这种"隔离"无疑加剧了新生代农民工群体的生存难度。

社会保障制度对新生代农民工群体的关照不足主要表现为：其一，新生代农民工的住房未纳入城市住房保障体系内。农民工在很多城市享受不到公租房、廉租房和经济适用房等保障性住房，很多城市也没有针对农民工的住房租金补贴（经济条件的限制），导致这些城市"边缘人"只能无奈地居住在地下室、棚户区和工棚里。高昂的住房成本，使之难以持续在城市立足。其二，新生代农民工及其子女教育没有合理纳入社会统一的规划体系中。一方面，农民工的再教育权利受到限制，他们享受不了城市职工所享有的公费继续教育的机会，尽管一些地区规定农民工可以免费入学接受职业培训，但是农民工的生活困境使他们没有条件和精力去接受职业培训。另一方面，虽然近年来政府已出台相应政策对农民工子女的教育问题加以解决，但上学难问题仍很突出：在学前教育上，农民工子女进公办幼儿园很难，大多只能进条件差或收费高的私立幼儿园；在义务教育上，很多农民工子女进入公办中小学手续繁杂且困难，或需交纳较高的择校费或借读费；在高考报名上，虽然国家放宽了政策，但是政策有限，而且设定门槛较高。其三，新生代农民工的医疗服务状况不尽如人意。目前虽已建立起广泛覆盖的新农村合作医疗制度，但由于存在定点医治、报销烦琐、自付比例高、异地转接困难等问题，导致大多数农民工并不能实际享受。其四，新生代农民工的社会保险缺失严重。社会保险主要包括失业、工伤、养老、医疗、生育等保险，是社会保障体系的核心。由于他们长期从事危险性较大的工作，工作的不稳定性、生育等实际状况的存在，失业、工伤、生育等保险的缺失无疑加剧其生存困难。社会保障制度的缺失严重影响着新生代农民工的市民化进程。

第三，政治权利。

根据《宪法》规定，年满 18 周岁的中华人民共和国公民都享有选举权和被选举权，它具有平等性、普遍性以及不可让与性。新生代农民工是我国当然的公民，应该享有公民的一切权利。但从政治现状看，他们的政治权利在二元社会结构下处于"悬空"状态，既无法参与农村政治生活又不能融入城市政治生活。但与上一代农民工相比，新生代农民工不仅积极争取自身的经济、社会权益，也希望在城市拥有自己的政治"话语权"，调查显示 28.6% 的人希望在工作地有参选资格。[①] 但是在现实中他们却大多处在政治上的弱势地位，具体表现在：首先，新生代农民工的选举权和被选举权得不到保障。根据现行制度安排，农民工可以参与户口所在地的政治民主生活，但由于交通不便、信息不通畅、参政成本较高以及利益关联性不大等因素，很少有农民工参与农村的选举活动。其次，农民工在所打工城市仅属暂住人群，在城市无法行使选举权和被选举权。根据湖南社科院人口所在 2009 年对 1256 名新生代农民工的问卷调查显示，虽然 74.7% 的新生代农民工"关注"和"非常关注"国家大事，但实际上只有 21.6% 的新生代农民工最近参加过老家的村委会选举，仅 5% 的人参加过打工所在城市社区居委会选举。由此可以看到政治权利的被剥夺、缺少正规诉求渠道，农民工意见呼声得

---

① 刘文烈、魏学文：《关于新生代农民工市民化问题的思考》，《东岳论丛》2010 年第 12 期。

不到响应、政府制定政策时很少考虑他们的利益，缺乏为他们提供相关公共服务的意愿和职能，导致农民工群体对政治的疏离感，从而加剧了城市社会对农民工的排斥，阻碍了他们的政治参与通道，进一步弱化了他们在就业市场上的竞争力和维护合法权益的能力。

2. 经济因素

第一，城镇化水平。

总的来说，我国城镇化水平滞后，地区发展不均衡。2011 年我国城镇人口比重达到 51.27%，低于大多数发展中国家的城镇化水平。分地区看，虽然中西部地区近年来城镇化发展速度较快，但与东部地区仍然有较大差距，东部地区城镇人口比重为 61.0%，较中部和西部地区分别高出了 14 个百分点和 18 个百分点，从全国来看，最高的上海与最低的西藏相差 66.6%。① 由于各地区城镇化水平的差别进一步扩大，加剧了经济社会发展水平的不平衡，大部分来自中西部的新生代农民工流向东部地区务工，主要分布在广东、浙江、江苏等城镇化水平高、经济发达地区。这些地区人口数量迅速增加，一方面城市没有采取相应的规划，在短时期内难以接纳大量的新生代农民工转变为市民，既增加了城市的压力，又阻碍了新生代农民工就地转移，加大了市民化的成本。另一方面第三产业的承载地主要是城镇，而我国城镇化的滞后又制约了第三产业的发展，使得城镇可以接纳的就业人员有限，随着新生代农民工进入城镇的数量大幅提高，城镇每年新增的需要就业的人员数量和实际接纳的就业岗位之间产生一定的差距，就业形势严峻，影响了新生代农民工在城市稳定就业。我国城镇规模相对较小，区域差异明显，根据《2011 年世界人口状况报告》，2010 年我国人口最多的城市为上海，人口数量 1660 万人，仅相当于日本东京人口的 45.2%。至 2011 年末，中国共有 657 个设市城市，只有 30 个城市常住人口超过 800 万人，② 由于城市容量有限，加上基础设施水平较低，交通拥堵、水电气资源供应紧张、污水处理和垃圾处理设施不足，难以

---

① 国家统计局：《2011 中国教育经费统计年鉴》，中国统计出版社 2011 年版。

② 中国市长协会：《中国城市发展报告 2011》，中国城市出版社 2012 年版。

满足数量日益增长的新生代农民工的需要。为了加快城镇的发展，接纳更多的新生代农民工，政府需要投入大量资金，包括建立为农民工服务的管理机构的费用、改善基础设施建设的费用、新生代农民工及其子女的教育费用、社会保障费用、公共服务费用等。按照2010年不变价格计算，每个农民工市民化的政府支出公共成本约在8万元左右。① 由于新生代农民工数量庞大，总成本较高，政府财力在短期内难以承受。人口拥挤而致的生活成本增加、交通拥堵而致的工作成本增加、环境承载过重而致的健康成本增加，这些都是新生代农民工市民化过程中要长久面对的问题。

第二，收入水平。

新生代农民工由于知识水平、技术水平有限，进入城市后大多从事技术水平低、工作环境差、工作任务重、工资待遇低的劳动密集型工作。据国家统计局统计，新生代农民工中从事建筑行业的比例为9.8%，从事制造业的比例高达44.4%。② 然而，收入水平却明显低于同等岗位的市民。全国总工会新生代农民工问题课题组《关于新生代农民工问题的研究报告》中指出，新生代农民工月收入为1727.27元，仅为城镇居民平均月收入的54.4%，同时比第一代农民工低167.27元。③ 但是，城镇生活的成本较高，新生代农民工比上一代农民工更加认同城镇的消费方式，不再像父辈们那样勤俭节约，面对城镇相对较高的消费水平有些力不从心，大部分会成为"月光族"，甚至变成"啃老族"。另外，新生代农民工自身受教育机会有限，企业提供培训不足，改变自身经济地位的能力得不到提高。收入水平低和城市生活成本高的巨大反差让67.2%的新生代农民工认为"收入太低"，这也是制约其市民化的主要原因。④

---

① 国务院发展研究中心课题组：《农民工市民化进程的总体态势与战略取向》，《改革》2011年第5期。

② 国家统计局：《新生代农民工的数量、结构和特点》，2013年3月11日（http://www.stats.gov.cn/tjfx/fxbg/t20110310—402710032.html）。

③ 全国总工会：《全国总工会新生代农民工问题课题组关于新生代农民工问题的研究报告》，2010年3月发布。

④ 国务院发展研究中心课题组：《农民工市民化进程的总体态势与战略取向》，《改革》2011年第5期。

第三，住房条件。

近年来，随着城镇房价的高涨，新生代农民工的住房问题也越来越突出，他们居无定所，没有真正属于自己的家，相对于自己的微薄收入，在城镇生活已经艰难，居高不下的房价使其城镇定居几乎是遥不可及的梦。一方面，新生代农民工被排斥在城市主流居住区域以外。绝大多数新生代农民工无力购买商品房，也很难申请到廉租房、经济适用房。调查显示，33.9%的新生代农民工是由雇主或单位提供宿舍，10.3%在工地或工棚居住，7.6%在生产经营场所居住，17.5%与人合租住房，17.1%独立租赁住房，仅有0.8%在务工地自购房。[①] 虽然不少企业提供集体宿舍，但居住拥挤不堪，基础设施不完备，卫生安全条件脏乱差；而租房者大部分租住在"城中村"中最简陋、陈旧的房子，有的是租借居民住宅楼的地下室，有的是在边缘地带搭建简易住房，为节省成本，多数新生代农民工两人或多人租居一屋，这些居住地大都存在排污设施不完善、环卫系统不配套、消防设施缺乏以及距离工作点较远等问题。另一方面，新生代农民工基本被排斥在城镇住房保障体系以外。建设部等出台的《关于住房公积金管理若干具体问题的指导意见》中规定，有条件的地方，城镇单位聘用进城务工人员，单位和职工可缴存住房公积金，但是目前大部分的用人单位很少帮助农民工缴纳住房公积金。近年来，我国保障性住房建设有了很大的发展，根据住房和城乡建设部的统计，截至2012年4月底，全国已开工的城镇保障性安居工程228万套，基本建成150万套，完成投资2470亿元，但是我国保障性住房申请条件中往往规定申请人必须具有本地城市户籍，新生代农民工不能享受经济适用房、廉租房等保障性住房。同时，除了实物性的客观空间外，新生代农民工无法与城市居民构筑共同的社会空间。虽然相对于传统农民工来说，新生代农民工与城市居民之间的交往、互动频率都相对有明显的提高，但城市的文化排斥、空间区隔使新生代农民工很难建立起对城市社会的认

---

① 王明学、冉云梅、刘闵：《新生代农民工社会融入问题分析》，《中国青年研究》2012年第1期。

同，从而陷入交往困境。新生代农民工的交往主要是局限于有着血缘、亲缘和地缘的群体，倾向于通过挖掘内部的传统资源实现交往的"内部化"。这种扁平化、简单化、封闭化、低层次化的社会交往空间，既不利于他们进行信息传递、获取资源、向上流动，也使他们缺乏必要的社会支持。由此可见，新生代农民工尽管对农村依恋逐渐减少，可是，把青春奉献给打工的城镇后，由于不能在城镇定居，不能与城市居民很好地融入，不得不选择回到农村，市民化的愿望就此破灭。63.2%的新生代农民工认为"住房问题"是制约在城市定居的重要困难和障碍。①

3. 文化因素

第一，社会歧视。

从社会分工角度来讲，农民本来是一种社会职业，然而自古以来"农民"在中国就带有浓厚的社会等级色彩。农民工进城工作，大多是干最苦、最累、最脏的"蓝领"工作，他们的工作填补了许多城市职业的空白，为城市正常运转提供了保障，也促进了城市社会经济的发展。但同时，农民工大量涌入城市，压缩了城里人原有的社会资源，也带来了许多社会问题，使得城里人对他们抱有一种排斥的思想，在一段时间里他们被称为"盲流"，被视为社会治安环境恶化的根源。

农民工在城市受到的不公平待遇和歧视，主要表现在：首先，新生代农民工处于"文化沙漠"状态。城市不乏公共生活空间，例如公园、博物馆、网吧、咖啡馆、电影院等，但由于文化消费能力较低、企业文化建设匮乏、可支配的闲暇时间太少以及居住区隔等因素，新生代农民工被排斥在城市文化生活之外，城市文化生活的排斥很容易造成新生代农民工心理上的孤独感、无助感，给社会带来不稳定因素。其次，新生代农民工受到不同程度的偏见和歧视，相对第一代农民工而言，新生代农民工融入城市的意愿更为强烈，更倾向于接受城市主流社会的价值观与消费观。但现实生活中，新

---

① 国务院发展研究中心课题组：《农民工市民化进程的总体态势与战略取向》，《改革》2011 年第 5 期。

生代农民工很难得到城市社会的尊重、理解和接纳。城市社会居民和舆论媒体视农民工为"二等公民"，进而表现出在行动上的歧视，城市社会和居民的偏见对农民工群体形成了极其不利的社会氛围，严重影响农民工生存方式和生活观念的转变。①

第二，社会交往。

新生代农民工一般社会交往不畅，婚恋不顺、情感孤独现象比较严重。一方面他们脱离了家庭、邻里、儿时的游戏伙伴等初级群体。大多数新生代农民工他们家庭在农村，进城务工后与亲人朋友相隔甚远，缺乏思想沟通和情感交流，感情没有依托。另一方面，新生代农民工的交往范围狭窄，几乎都是从事相同或相近职业的老乡、熟人、亲朋，文化素质相近、拥有信息资源相同，因此，相互从中获得的资源较少，对自身就业和发展起到的帮助有限。这种情况的发生，其根源是二者长期形成的文化水平、价值观上存在的偏差，导致新生代农民工在城镇被"孤岛化"，社会关系网络结构呈现单一、封闭的特点，被排斥在城镇的主流社会关系之外，缺乏向上流动的机会和途径。另外，市民对农民工的社会隔离也会使农民工陷入道德困境，在与市民的交往中很容易因为一些小事诱发不必要的冲突。因此，缺乏群体依恋和心理认同是新生代农民工市民化的最大心理障碍。

4. 法制因素

在立法上，对新生代农民工该不该市民化、如何市民化、市民化过程中农民工享有哪些权益及如何维护这些权益等方面到目前为止没有明确的规定。农民工合法权益不明确，使得农民工应有的权利没有合法化，合法的权利得不到有效保护。现实中，社会各方对农民工的侵权收益高且成本低，而农民工维权成本高，最终得不偿失。② 如此，农民工对维护自身合法权益从抱有希望到失望，一旦遇到问题，要么忍气吞声，要么采取极端行为甚至酿成犯罪。新生代农民工在基本劳动权益的实现上虽然比上一代农民工有所提高，

_____

① 钱正武：《社会排斥：农民工市民化进程缓慢的根本原因》，《调研世界》2011年第 2 期。

② 简新华：《新生代农民工融入城市的障碍与对策》，《求是学刊》2011年第 1 期。

但仍然存在同工不同酬、无故拖欠工资、工伤事故和职业病发生率高、职业安全卫生保障不健全等问题。有数据显示 2010 年新生代农民工的劳动合同签订率只有 61.6%，遭遇工资拖欠的人所占比例为 7.1%，人均拖欠工资 1538.8 元，差不多相当于人均 1.5 个月的工资。① 法律地位的不平等，法律实施不公平使得农民工的合法权益得不到有效的维护，市民化过程得不到法律保障，阻碍了新生代农民工市民化进程的步伐。

（二）内生因素

1. 人力资本

一般而言，受过较高教育的人通常会获得更多的就业机会，并且因其具备足够的人力资本存量，易接受和掌握新技术和新知识，因而在社会竞争中处于有利地位。而鉴于新生代农民工群体的人力资本素质状况，基本决定了其竞争力不足，只能低端就业。当然，新生代农民工与传统农民工相比，在文化程度、劳动技能等方面已有较大提高。有数据显示，新生代外出农民工中有高中及以上学历的比例高出农民工总体平均水平 7.6%，其中，30 岁以下各年龄组均在 26% 以上，在 21—25 岁年龄组达到 31.1%；新生代农民工中接受过职业培训的人员比例高出传统农民工 14 个百分点，达到36.9%。不过，尽管新生代农民工的受教育程度、劳动技能以及在法律意识、市场意识等方面高于传统农民工，可这并不意味着他们就能够适应、满足社会化大生产对劳动者素质的高要求。事实上，随着社会生产不断发展，产业结构的优化升级和生产技术的更新换代，促使绝大多数生产部门对劳动者能力的要求越来越高，以相对复杂的脑力劳动逐步替代单一、繁重的体力劳动已成为现代社会大生产的一大趋势，而这则成为新生代农民工难以跨越的一道坎，偏低的受教育程度使新生代农民工群体在人力资本结构上无法自觉完成从体力劳动向脑力劳动的升级。2012 年国家统计局调查报告显

---

① 国家统计局：《新生代农民工的数量、结构和特点》，2013 年 3 月 11 日（http：//www. stats. gov. cv/tjfx/fxbg/t20110310_ 482710032. html）。

示，大专及以上学历的新生代农民工仅占 6.4%，中专文化程度达到 9%，高中及高中以下为 84.2%，仍有 0.4% 的新生代农民工处于文盲或半文盲状态。社会经济快速发展情况下，为提升人力资本素质，势必导致他们对于知识再教育和职业技能培训有迫切需求，然而他们却无力依靠自身实力予以满足，而企业和政府在人力资本投资方面给予他们的帮助也相对有限，这使得他们的人力资本素质只能在低位徘徊。于是，这种人力资本素质与工作岗位乃至整个城市发展所要求的人才素养之间的差距，便严重阻碍了新生代农民工群体的市民化进程，使之越来越成为城市的"边缘人"。

2. 城乡观念

新生代农民工怀揣着梦想进城，渴望变成真正的"城里人"，期待在上大学之外找到另外一条通往成功之路。但是由于受成长家庭环境的影响，大部分新生代农民工的思想观念还不能完全摆脱父辈的影响。从走出农村上来看，父辈们把拥有的土地看作"命根"的观念时常强加给他们，使他们纠结于承包田和宅基地的处置中，虽然他们大多数不谙农事，但迫于父母的压力，不得不依旧"两栖"于城乡之间，难于做出"绝尘而去"的长远打算。从城市融入上来看，他们的语言表达、卫生习惯、社会道德、休闲方式等方面仍然受到父母的影响，容易被城市居民排斥。从子女生育上来看，根植于农民心中的传宗接代的观念难以消失，一些新生代农民工迫于家庭压力，很难只生一个，使得经济负担高于城市同龄人，负重前行的他们只能放慢市民化的步伐。

3. 法律意识

新生代农民工的法律意识较父辈们有所增强，但依然不够。一方面缺乏法律意识使自己难以维权或增加维权成本。事实上，直至目前农民工通过非法律途径讨薪的例子仍在不断出现，这些事件除了与社会缺乏帮助农民工维权的机构有关外，也与农民工缺乏法律意识和法律知识有关。另一方面，法律意识淡薄容易出现社会失范。当就业困难、失去收入来源，当与城市居民相比产生较大的收入差距导致心理失衡，当合法权益受到损害时缺乏社会组织的支持和有效的维权渠道，当社会交往出现感情危机，这些都会使缺乏法律意识、血气方刚的新生代农民工出现社会失范行为。一旦出现社会失范的不良事件，经过媒体的报道传播之后，新生代农民工的形象就会遭受玷污，使城市对他们的接纳产生疑虑，他们融入城市的难度将大大增加。

4. 心理压力

新生代农民工与城市的同龄人相比"学业不精"缺乏受高等教育的机会，很多人初中毕业就开始打工，就业层次低、收入少，但他们和城市孩子一样被娇惯，也有着追赶时髦的消费习惯，较高的消费倾向和消费欲望遭遇不高的收入，难免会使他们产生自卑的心理，感觉同样的努力总不能让自己像城里同龄人那样过得潇洒，有时甚至需要父母的经济帮助，而不是将自己的打工收入接济父母。由于自幼没有父辈的吃苦忍耐精神，不屑于从事低收入的体力活，又没有能力和机会找到高收入的工作，往往形成"心比天高，命比纸薄"的无奈和郁闷心态，产生严重的心理压力。城市生活的经历让新生代农民工深刻地体会到城乡之间的巨大差异，感觉城里机会多、诱惑多，加之自己不通农耕，觉得回到农村没有出路、没有出息，在城里不管干什么都比在农村好。因此他们具有强烈的进城愿望，然而理想很丰满，现实很骨感，当进城愿望较难实现时，心理压力就会增加。

三　促进新生代农民工市民化的
体制与制度创新

（一）政治制度方面

1. 推进城乡户籍制度改革，消除市民化障碍

我国长久以来的城乡二元户籍制度，从制度上直接把城乡人口划分为社会地位不平等的两个社会群体，阻碍了人的自由流动。这种制度性的社会隔离，降低了我国城市化的发展速度，阻碍了城乡统一劳动力市场的形成，可以说，户籍制度已经成为我国城乡一体化进程中所有矛盾的根源。因此为了赋予新生代农民工平等的公民权，必须继续深入推进户籍制度改革，实现城乡之间户籍制度管理

一体化、劳动力市场一体化，为人们自由迁徙、安居乐业创造公平的制度环境。

近些年来，一些地区相继出台了若干户籍改革措施并取得一定成效，但仍有很大的局限：一是户籍制度改革总体上流于形式，并没有改变固化农民身份的相关制度（如在江苏、广东、辽宁等地区统一采用居民户，但是与之相匹配的劳动用工制度、教育制度、社会保障制度等并未做出相应调整）；二是城乡户口转变被附加较为苛刻的条件（以上海市近年来的户口新政为例，真正符合入沪条件的人比例不足 1%）。事实上，推进户籍改革的关键在于建立并衔接好农村退出机制和城市接纳机制。在农村退出机制上，关键问题是如何解决农民工的财产权利。目前，能够带给农民工财产性收入的农用地、宅基地和房屋的所有权、收益权和处置权都存在很多制度性缺陷，最核心的缺陷是产权模糊。从我国宪法看，农用地和宅基地的产权归集体所有，等于产权虚置，农民所有的只是承包经营权，农民在转让经营权时，要受到集体所有权的制约，这种制约限制了农民通过转让经营权来获取财产性收入。根本上来讲，土地承包经营权、宅基地使用权和房屋产权等，是法律赋予农民工的财产权利，无论他们是留在农村还是进入城镇，任何人都无权剥夺，应当允许他们带着这些权利进城，以抵御其入户城镇所引发的风险。因此，只有深化农村土地产权制度改革，加快推进农村集体土地、宅基地和房屋的所有权确权登记颁证工作，从法律上保护农民的土地等财产权利，让农民的财产具有可交易性，完善城乡生产要素平等交换机制，才能使农民直接分享土地的增值收益，最大化实现农民土地财产性收入，才能更顺利地实现新生代农民工的市民化。在城市接纳机制上，目前主要有取消户籍制度，实行完全的迁徙自由和实行渐进性户籍放开策略两种思维，虽然这两种思考都比较简单化，但是相比之下，第二种渐进式的策略思考更具有可操作性和低风险性，且基本思路和国务院发展研究中心在《主体功能区人口管理政策研究》中所提出的遵循权利义务对等的原则，使原来的"高门槛一次性获益"过渡到"低门槛渐进式获益"的户籍改革策略大致吻合。但在具体实施过程中要考虑到当前城市化进程的实际情况，渐进式地放宽中小城市、小城镇落户条件限制，打破身份界限，让长期在城市生活和工作的农民工融入城市，享有和当地居民一样的福利待遇和公共服务。基本宗旨应当是强化户籍的登记功能而淡化以至消除户籍的利益分配功能，只有将户籍与利益真正分割开来，才能加速推进新生代农民工市民化进程，也才能给农民工以平等的社会地位和公民权利。

2. 构建法律保障机制，保证市民化的可能性

农民工既有融入城市化的可能，也有被边缘化的可能，关键取决于能否保障他们的合法权益。面对时常发生侵害农民工合法权益的现象，政府应该积极制定相关的法律法规，坚决予以打击；确定农民工社会地位的公平，享有同城市居民同等的就业权、择业权、社会保障权和劳动保护权，针对农民工法律意识淡薄、维权成本高等问题，政府应当建立并完善对于农民工的法律援助措施，降低其维权成本，切实做好农民工的法律保护，而且要强化地方政府对农民工权益保障的责任，将农民工权益保障问题纳入政府年度综合考核和领导干部政绩考评指标体系中来，改变地方政府唯 GDP 的政绩倾向，[①] 以此实现法律上的公平，使新生代农民工真正摆脱经济政治边缘化、弱势化的状态，为其顺利实现市民化提供法律保障。

具体需重点做好以下几个方面的保障工作：第一，做实社会保障。首先，应严格监督用工单位按照《工伤保险条例》为新生代农民工缴纳工伤保险金，保证新生代农民工与城市正式职工基本工作环境的平等性。其次，应建立健全新生代农民工医疗保险和生育保险制度，并使之与城镇社会保障制度和新型农村合作医疗制度等现行相关保障制度相衔接；注重在就医地点医疗费用的报销和生育保险金领取等环节上增强弹性，以实现基本的生存权利平等。再次，建立适合新生代农民工特点的养老保险制度，可设立个人统一账户，缴费由用人单位和农民工共同承担（用人单位缴纳为主），降低农民工参保的缴费率；账户允许在不同地区统筹参保，退休时可

---

① 胡杰成：《新生代农民工市民化的现状、障碍与促进对策》，《农村经济》2011年第 4 期。

由相关联地区支付养老金，回流农村的，个人养老保险账户也应允许转入农保。最后，建立最低生存保障体制和应急救助机制。主要是考虑到新生代农民工职业流动性大，就业稳定性不强，再加上由权益受损造成的伤害一般无法及时救济等实际因素，具体落实力度可参照城镇居民低保以及城镇正式职工的失业保险的规定。第二，重视农民工及子女教育问题，制定相关法律法规，保证其平等享受教育资源的权利。建议地方政府多建普惠性幼儿园，对生活困难的农民工家庭子女入园给予补助，推行以学籍管理代替户籍管理的政策，合理配置教育资源，解决农民工子女学前教育和义务教育问题；政府和企业提供相应的职业培训，给予农民工平等的受教育和接受培训的权利，使得农民工在上岗前做好必要的准备，保证工作的稳定性。

3. 保持公共服务均等化，维护农民工合法利益

顺利实现新生代农民工市民化的目标，要求新生代农民工能够公平地获得政府提供的公共服务，而不是被排除在城市体制之外。正如"十二五"规划纲要提出的："改善民生，建立健全基本公共服务体系"，实现公共服务均等化，是实现农民工市民化的基本前提条件。因此，流入城市要做好接纳他们的思想准备和物质准备，把农民工纳入城市公共服务体系，将户籍和公共服务脱钩，对农民工实行属地管理；提高农民工所居住城市社区公共服务的供给能力，增加公共服务领域的投入，消除城市社会化服务的城乡歧视，让新生代农民工共享经济发展成果。2013年政府工作报告中提到要把人均公共服务经费提高到30元，比2009年翻一番，最重要的是要更好地覆盖农民工群体。具体来说，就是要满足新生代农民工在教育、医疗及社会保障方面的市民待遇，解决好新生代农民工子女的教育问题，将农民工子女的义务教育和学前教育都纳入城市教育规划和管理体系，建立更加灵活的学籍管理制度，规范收费标准；加大对以公共廉租房、经济适用房为重点的保障性住房供应力度，为农民工特别是新生代农民工中的低收入群体廉价租房创造有利条件。中央农村会议提出，要积极稳妥扎实推进城镇化，到2020年，要解决约1亿进城常住的农业转移人口落户城镇，约1亿人口的城

镇棚户区和城中村改造，约 1 亿人口在中西部地区的城镇化，这样既可以解决城市内部的二元结构，也降低了城镇化的门槛，住房问题的解决有利于提高新生代农民工定居城市的可能性，只有让新生代农民工劳有所得、住有所居、病有所医、学有所教，实现新生代农民工市民化的"软着陆"，才能让更多的农民工在城市"留得住"。

4. 保证农民工的政治权利，增加其参政议政的渠道

亨廷顿认为："组织是通往政治权力之路，也是稳定的基础，因而是政治自由的前提。"[①] 新生代农民工处在社会阶层的底端，要想在政治生活中表达自己的利益诉求，必须借助党组织、工会、共青团、妇联等组织搭建起与政府沟通对话的桥梁。各级政府要健全农民工参与社会管理的各种制度，增加党代会、人代会和政协会议中农民工代表名额，提高其参政议政积极性。要创新工会活动模式，组织农民工加入工会，提高工会依法维权的主动性，大力推行政府公共决策听证会制度，凡与农民工有关的政策，都应组织其代表参加听证会保障其群体利益，保证决策的科学性、民主性。同时构建以社区为载体的新生代农民工服务管理平台，切实保障新生代农民工参与社区自治的权利。进一步完善社区民主选举制度，探索农民工参与社区选举的新途径，保障农民工参与管理社区公共事务和公益事业的民主权利。社区居民公益性服务设施和活动场地要向农民工平等开放，社区慈善超市等公益性设施和便民利民项目应惠及农民工群体，广泛动员社区居民开展面向农民工的志愿互助服务、困难救助服务，积极引进专业社工和社区社会组织开展有针对性的服务，切实帮助农民工解决工作生活中的困难和问题，鼓励农民工参加社区公益性、服务性、互助性社会组织，提高农民工参与社区管理和服务的组织化程度。

（二）社会经济发展方面

1. 加快城镇化发展步伐，满足市民化需求

针对我国城镇化水平滞后的现状，政府应做好相应的区域规

---

① ［美］塞缪尔·亨廷顿、琼·纳尔逊：《难以抉择——发展中国家的政治参与》，汪晓寿译，华夏出版社 1989 年版，第 427 页。

划，根据各个地区自身的特点，深化区域合作，协调区域发展。在东部地区要加快发展战略性新兴产业等高新技术产业和现代服务业，对传统产业要进行产业升级，实施产业创新，增强产业核心竞争力，围绕主导产业大力发展中小企业，创造更多的就业机会。在发展相对落后的中西部地区进一步推进开发，转变农业生产方式，提高资源利用效率，大力发展劳动密集型产业，以吸引众多的新生代农民工就地转移。本着"以大城市为依托，以中小城市为重点，促进大中小城市和小城镇协调发展"的指导思想，科学编制城市规划，以增加城市就业容量，接纳更多的农村剩余劳动力。首先，要采取城市群发展战略，明确城市群内各城市的定位，做大做强中心城市，增强中心城市的综合实力和聚集效应。其次，要积极发展中小城市，增加城市数量，打造产业发达、功能完善的中小城市。最后要发展中心镇，把一部分有发展潜力的中心镇建设成为具有一定规模的小城市。由于城镇建设需要大量的资金投入，政府要加大资金扶持力度，同时要拓展筹资渠道，推动城镇建设投资主体多元化，吸引和筹集更多包括公有、民有、外资和农民的资金用于城镇化。[①] 提高交通、水电气、污水垃圾处理等基础设施水平，提升城镇综合承载能力，为新生代农民工的市民化创造必要条件。

应特别重视中小城镇的城镇化发展。因为尽管有少部分新生代农民工通过自身的优势和努力实现了向上的垂直流动，成为技术工人、管理人员或者私营企业主，他们收入稳定，城市融入度高，从而实现了市民化的梦想。但对大多数游走于城市和农村边缘的新生代农民工而言，如果能够顺利返乡，在县城或者具有一定规模效应和集聚效应的优势城镇进行非农发展，则是他们更好的生存逻辑和隐性需求。这样，不但机会成本低而且能实现他们的市民化梦想，新生代农民工在老家县城实现市民化心理优势明显，因为他们与本地的城市居民生活方式、价值观念相近，同质性较强，容易融入当地的生活环境和城市氛围，在县城还可以享受城市生活的便利，工

---

① 吴适、王平安：《新生代农民工融入城市的困境及对策研究》，《广东农业科学》2012 年第 8 期。

作待遇一般不会低于中心城市，而且生活成本较低，生活压力不大，同时可以获得亲朋好友的社会资本资源，子女也可以享受当地相对优质的教育资源。因此，县城无疑是新生代农民工实现自我价值和安身立命的理想空间。对此，符平等人（2009）的调查印证了这一点，在回答"如果在家乡有与城市差不多收入或者略低收入的工作机会，您是否愿意回到家乡"这个问题时，61.9%的被调查人表示愿意回到家乡，其中16.7%的人回乡意愿非常强烈，而明确表示不愿意的仅占4.6%，不大愿意的为16.8%。为此，加快城镇化发展步伐特别是中小型城镇建设，是未来中国城市化进程中的首要考虑点。同时，未来中国经济发展的内生动力和活力主要来自于城镇化。按照产业梯度转移理论，大城市在经济发展过程中能源成本、环境承载力、土地成本和人口重负等难以为继，因结构转型和产业升级需要，以劳动密集型产业为代表的低层次产业将逐步向中小城市（镇）转移。工业化是城镇化的经济基础，各级政府尤其是农民工输出地的地方政府，要抓住当前产业转移的有利时机，引导城市资金、技术、人才、管理等要素向县城和优势建制镇流动，促进优势项目、特色产业集聚城镇，增强县域产业集聚和人口承载能力，增强县域经济发展活力和实力，为新生代农民工的回归和他们的未来发展创造基础条件。当然，在城镇化发展过程中，尤其要关注和尊重新生代农民工的发展权，避免地方政府在土地财政和其他利益驱使下政府投资、大拆大建、大建项目的"被城镇化"，而应是社会需求驱动、商业和服务业逻辑引导的自生自发的县域城镇化。

2. 逐步提高收入水平，保障农民工的生活稳定

政府部门要重视农民工就业工作，建立合理的劳动力工资增长机制，依据城市经济增长速度，结合物价上涨实际情况，完善最低工资标准，引导企业合理加薪，改善农民工生活条件，使得农民工生活水平随经济发展同步改善；按照《工会法》完善工会组织，形成规范合理的工资共决、支付保障和工资增长机制，促进劳资集体协商机能，切实发挥工会维权作用，保障包括农民工在内的职工收入与企业效益联动。同时合理引导农民工有序外出就业，鼓励扶持

回乡创业，以自主创业拉动就业，对有创业意愿和创业能力的新生代农民工，政府应进行有效的资金和政策支持，创设农民工创业园区，为新生代农民工自主创业、发挥创业带动就业的效应提供良好的制度政策环境，提高农民工的收入水平。目前，新生代农民工劳动素质明显低于劳动力市场的要求，城市"用工荒"的本质一定程度上来讲是"技工荒"。因此，政府要利用社会各种资源，为农民工技能培训搭建平台，建立农民工职业教育和技能培训的服务体系，充分发挥共青团、工会、妇联和社区的组织优势，结合新生代农民工特点举办各种形式的培训班，以市场需求为导向合理设置培训课程，着力提高新生代农民工文化素质和劳动技能。同时用人单位要给农民工提供平等的就业机会，保证和当地市民同工同酬，制定合理的薪酬制度。企业管理者应充分认识到劳动者是企业永恒的主体，加强员工的入职培训教育、爱岗敬业教育和法律法规意识等方面的培训，在保证企业运作效率的基础上，为农民工的收入增长提供技术方面的支持。

3. 改善居住条件，促进新生代农民工在城镇定居

首先，要逐步有序地推进"城中村"改造工程。为缓解改造资金的压力，可通过逐步推进的方式，应改善"城中村"综合环境，完备市政基础设施和公用设施，使"城中村"在建筑设计、治安管理等方面融入城市，提高农民工居住的环境质量。其次，要调动社会力量增加农民工住房的供给。政府应鼓励企业为农民工提供住宿，在农民工集中的地区，依据总体规划，集中建设农民工公寓。再次，逐步将农民工纳入城镇住房保障体系。政府应放宽户籍限制，建立农民工廉租房、经济适用房制度，扩展保障对象的范围，取消将本地户口作为申请保障性住房的前提条件，将市民化意愿强烈的、在城市长期稳定就业的农民工纳入城市保障性住房范围内，加大投资增加保障性住房的供应量，执行购房补贴政策，提高房租补贴标准，以减少农民工在购房和租房方面的经济压力。同时要健全住房公积金制度，扩大住房公积金的覆盖范围，对新生代农民工集中的地区，政府应采取措施如税收优惠以鼓励企业为农民工缴纳住房公积金，尽量让更多的农民工进入住房公积金体系，允许住房

公积金用于农民工购买或租赁自住房。由于新生代农民工的收入较低，为调动他们的积极性，住房公积金的缴纳标准在初期可以处在一个较低的水平上，以保证覆盖的全面性，对于不同经济效益的企业可以有不同层次的缴纳标准，[①] 对于未交纳住房公积金的农民工，企业可给予一定的住房补贴。最后，要着手考虑建立完善住房保障基金的异地转移接续制度。

（三）充实人力资本，提高农民工综合素质

新生代农民工具有融入城市的强烈愿望，却往往受自身知识水平的限制不能满足城市新兴产业的需要，"民工荒"现象在一定程度上说明了农民工供求的结构性矛盾。[②] 因此，以充实人力资本、提高农民工综合素质为目标的农民工教育培训工作必须常抓不懈，这需要政府、企业、社会以及新生代农民工的共同努力。

首先，政府要发挥农民工培训的主导作用，提供适合农民工的多种培训途径，增加财政资金扶持力度，加强对农民工的继续教育和技能培训，满足新生代农民工的职业发展需要，创造共享经济发展成果的条件。具体来讲，不仅要求劳动力输出地政府在组织劳动力输出时，要搞好新生代农民工进城前的基本劳动技能、基本权益保护、法律知识等方面的培训。而且输入地政府也要充分利用当地的教育培训资源，依据当地经济发展对人力资源的需求结构，委托具备培训资格条件的职业培训机构为农民工提供实用性、针对性强的就业培训，并做好引导工作。除此之外，政府要规范培训市场，提高培训质量。对符合要求的培训机构仅下达培训菜单和对培训后的农民工就业效果进行监督检查，不干预具体的培训过程，培训后的就业质量作为政府对培训机构资金支付的依据，有效避免没有针对性、没有效率的培训，着力提高农民工人力资本的质量，顺通农民工由普工向技工、技师、高级技师等技能型人才转化的道路。

---

① 金三林：《解决农民工住房问题的总体思路和政策框架》，《开放导报》2010年第6期。

② 李景平、程燕子、汪锐：《我国新生代农民工市民化的发展路径》，《西北人口》2012年第4期。

其次，企业要充分发挥农民工培训的主体作用。企业管理者应充分认识到劳动者是企业永恒的主体，只有提高劳动者素质，稳定劳动者队伍，才是企业发展的不竭源泉。用人单位要加强员工入职培训教育、爱岗敬业教育和法律法规宣传等方面的普通培训，提高他们基本的职业素养和法律意识。同时，用人单位应根据企业发展的总体战略目标制订培训计划，提供特殊培训，培养专门技术人才，切实提高新生代农民工的劳动技能和用人单位的生产效率。

再次，农民工要增强自身学习的自觉性和主动性，积极寻求行之有效的学习方法，合理利用时间参加各种技能培训提升自身的业务素质和综合素质，不断提升人力资本，增强就业能力，以适应技术改造和产业升级的需要。

最后，要加强新生代农民工社会文化建设，以社会文化建设带动和促进农民工思想道德素质和文化水平的提高。要充分重视和发挥企业和社区文化建设作用，以常规的生产生活教育为基本内容，结合多种多样的组织活动，在潜移默化之中使其体会和学习城市的价值观和行为方式，培养农民工的市民意识，逐步缩小与城市居民之间的文化差距，提高他们对城市生活的驾驭力和主体适应性。此外，要大力宣传农民工先进事迹，宣传他们对城市建设的作用，营造新生代农民工融入城市的良好氛围，开展城镇居民和农民工的社区活动，加强二者之间的联系，消除市民对农民工的偏见和社交隔离，增强二者之间的认同感，为农民工更快地融入城镇文明奠定文化基础和心理基础。

（四）增进情感互动，减少社会歧视

面对社会普遍存在的对农民工的歧视问题，促进新生代农民工市民化，还需增进城市居民与该群体的情感互动，倡导城市居民真诚、平等地对待新生代农民工群体，以营造和谐、友善的社会环境，强化他们的城市认同。早在 2004 年，中共中央、国务院一号文件就明确指出："进城就业的农民工是产业工人的重要组成部分。"因此，解决新生代农民工的就业、定居和社会融入等问题，必须从转变对待农民工观念着手，防止将农民工的身份固定化、标

签化。具体可从以下方面开展工作：首先，社会媒体、舆论部门要善于树立典型，着力宣传新生代农民工的模范事迹和吃苦耐劳精神，也可以通过创作一些喜闻乐见的文艺作品塑造新生代农民工的良好形象，从而正确引导城市居民对农民工的价值评价，消除其排斥心理，为城市全面接纳新生代农民工做好必要的舆论宣传。其次，应将新生代农民工纳入城市社区日常管理对象范围之内，确保其能平等地享用城市公共服务资源，并积极引导和吸纳他们参加各类社区活动，以拓展他们的社会交往和人际互动，增强认同感和归属感。再次，还应对新生代农民工群体倾入更多的人文关怀，特别是对他们中间的那些在工作、生活等方面受到挫折、面临困难的人要及时提供必要的心理疏导和情感慰藉，切实帮助他们摆脱困境、不断成长，这就要求城市社区要建立起较完善的沟通平台与渠道。最后，加强企业的精神文化建设。企业要建立人性化管理体制，为员工创造劳动过程当中能自我实现的环境，同时加大对休闲、娱乐设施的投入，丰富员工的精神生活，引导员工通过合理的方式宣泄情绪。

参考文献

1. ［日］大冢启二郎：《刘易斯转折点和中国的农业农村经济问题》，《中国经济发展模式Ⅱ》的第三章，东京大学社会科学研究所，2008 年。

2. ［美］威廉·阿瑟·刘易斯：《二元经济论》，北京经济学院出版社 1989 年版。

3. ［英］安东尼·吉登斯：《社会学》，北京大学出版社 2003 年版。

4. ［美］塞缪尔·亨廷顿、琼·纳尔逊：《难以抉择——发展中国家的政治参与》，汪晓寿译，华夏出版社 1989 年版。

5. ［美］鲁思·华莱士、［英］艾莉森·沃尔夫：《当代社会学理论——对古典理论的扩展》，刘少杰译，中国人民大学出版社 2008 年第 6 版。

6. 安虎森：《区域经济学通论》，经济科学出版社 2004 年版。

7. 蔡昉：《人口转变、人口红利与刘易斯转折点》，《经济研究》2010 年第 4 期。

8. 蔡昉：《中国人口与劳动问题报告（2011）》，社会科学文献出版社 2011 年版。

9. 蔡昉：《中国的人口红利还能持续多久》，《经济学动态》2011 年第 6 期。

10. 蔡昉、都阳：《工资增长、工资趋同与刘易斯转折点》，《经济学动态》2011 年第 9 期。

11. 蔡昉：《劳动力短缺：我们是否应该未雨绸缪》，《中国人口科学》2005 年第 6 期。

12．蔡昉：《破解农村剩余劳动力之谜》，《中国人口科学》2007 年第 2 期。

13．蔡昉：《"刘易斯转折点"近在眼前》，《中国社会保障》2007 年第 5 期。

14．蔡昉、王美艳：《劳动力成本上涨与增长方式转变》，《中国发展观察》2007 年第 6 期。

15．陈彦光：《中国人口转变、城市化和产业结构演变的对应关系研究》，《地理研究》2010 年第 12 期。

16．陈云桥：《社会转型期农村家庭功能失衡问题研究》，《经济问题探索》2009 年第 9 期。

17．陈丰：《当前农民工市民化的制度缺失与归位》，《南京师范大学学报》（社会科学版）2007 年第 1 期。

18．陈丰：《从"虚城市化"到市民化：农民工城市化的现实路径》，《社会科学》2007 年第 2 期。

19．陈广桂：《房价、农民市民化成本与我国城市化》，《中国农村经济》2004 年第 3 期。

20．陈姗姗：《西方人口转变理论的回顾与再思考》，《牡丹江大学学报》2011 年第 3 期。

21．迟福林：《加快农民工市民化进程》，《人民日报》（理论版）2010 年 9 月 15 日第 7 版。

22．曹子玮：《农民工的再建构社会网与网内资源流向》，《社会学研究》2003 年第 3 期。

23．程亮、郭剑雄：《农民工的市民化问题探微》，《中北大学学报》2005 年第 1 期。

24．丁丽芳、王静：《女性受教育程度对建设和谐家庭的影响》，《人力资源管理》2012 年第 12 期。

25．段学芬：《农民工的城市生活资本与农民工的市民化》，《大连理工大学学报》（社会科学版）2007 年第 3 期。

26．邓思易：《新生代农民工流动问题的政治经济学考察》，硕士学位论文，四川师范大学，2011 年。

27．杜毅：《农民工二次分化与分类社会保障研究——基于对全国 2834 名农民工的调查》，硕士学位论文，重庆大学，2009 年。

28. 樊纲：《企业家最重要的社会责任就是创造就业》，2007 年 11 月 5 日，新华网重庆频道（http：//www. cq. xinhuanet. com/ 2007/2007－11/05/content_ 11588833. html）。

29. 方小斌：《农民工市民化的变量与路径》，《求索》2009 年第 8 期。

30. 冯艳红：《我国农民工消费现代化过程中存在的问题及对策分析》，《经济师》2008 年第 10 期。

31. 范和生：《现代社会学》，安徽大学出版社 2005 年版。

32. 房彬：《城市融入进程中新生代农民工的观念变迁——基于文化接触理论视角的分析》，《兰州学刊》2014 年第 7 期。

33. 符平、黄莎莎：《在梦想与现实之间——80 后新生代农民工与"四个世界"关系的研究》，《青年研究》2009 年第 4 期。

34. 国家统计局：《2012 年国民经济和社会发展统计公报》，2013 年 2 月 23 日。

35. 国家统计局：《新生代农民工的数量、结构和特点》，2013 年 3 月 11 日（http：//www. stats. gov. cn/tjfx/fxbg/t20110310_ 402710032. html）。

36. 国家统计局：《2011 中国教育经费统计年鉴》，中国统计出版社 2011 年版。

37. 国务院发展研究中心课题组：《农民工市民化进程的总体态势与战略取向》，《改革》2011 年第 5 期。

38. 龚敏健、黄晨熹：《改革开放三十年我国农村劳动力的转移特征及趋势分析》，《江西师范大学学报》2009 年第 8 期。

39. 高君：《推进农民工社会保障与实现农民工市民化》，《宁夏社会科学》2008 年第 6 期。

40. 郭晓宁：《新生代农民工城市融入问题的社会学分析》，《和田师范专科学校学报》（汉文综合版）2011 年第 2 期。

41. 胡湛、彭希哲：《家庭变迁背景下的中国家庭政策》，《人口研究》2012 年第 2 期。

42. 胡杰成：《新生代农民工市民化的现状、障碍与促进对策》，

《农村经济》2011 年第 4 期。

43．韩俊：《调查中国农村》（上册），中国发展出版社 2009 年版。

44．黄乾：《两种就业类型农民工工资收入差距的比较研究》，《财经问题研究》2009 年第 6 期。

45．侯力、解柠羽：《城市农民工二代移民社会融入的障碍研究》，《人口学刊》2010 年第 6 期。

46．何绍辉：《双重边缘化：新生代农民工社会融入调查与思考》，《中国青年政治学院学报》2013 年第 5 期。

47．姜华东：《"民工荒"并不能说明我国经济到了"刘易斯转折点"》，《开放导报》2007 年第 6 期。

48．金三林：《农民工现状特点及意愿诉求——基于对 7 省市农民工的调查研究》，《经济研究参考》2011 年第 58 期。

49．金三林：《解决农民工住房问题的总体思路和政策框架》，《开放导报》2010 年第 6 期。

50．简新华：《新生代农民工融入城市的障碍与对策》，《求是学刊》2011 年第 1 期。

51．柳建平、张永丽：《农村劳动力流动对缓解贫困的实证分析》，《西北人口》2008 年第 3 期。

52．柳建平、张永丽：《劳动力流动对贫困地区农村经济的影响——基于甘肃 10 个贫困村调查资料的分析》，《中国农村观察》2009 年第 3 期。

53．柳建平：《贫困地区农村劳动力流动两阶段理论模型——基于劳动力禀赋和风险的农户模型转换》，《统计与决策》2009 年第 5 期。

54．柳建平、张永丽：《农民工市民化与中国经济社会结构转型问题研究》，《河南师范大学学报》（哲学社会科学版）2013 年第 5 期。

55．柳建平、孙艳飞：《新生代农民工就业行为、收入水平及其变动趋势》，《农村经济》2014 年第 8 期。

56．柳建平、孙艳飞：《新生代农民工的收入水平与消费行为及其变动趋势》,《经济体制改革》2014 年第 4 期。

57．李建新：《人口转变新论》,《人口学刊》1994 年第 6 期。

58．李辉：《韩国工业化过程中人口城市化进程的研究》,《东北亚论坛》2005 年第 2 期。

59．李培林：《社会生活支持网络从单位到社区的转变》,载《社会转型与社区发展——社区建设研讨会论文集》,2001 年。

60．李培林、田丰：《中国新生代农民工：社会态度和行为选择》,《社会》2011 年第 3 期。

61．李强：《当前我国城市化和流动人口的几个理论问题》,《江苏行政学院学报》2002 年第 1 期。

62．李强：《农民工与中国社会分层》,社会科学文献出版社 2004 年版。

63．李景平、程燕子、汪锐：《我国新生代农民工市民化的发展路径》,《西北人口》2012 年第 4 期。

64．李淋、冯桂林：《试析农民工的消费行为——宜昌市农民工消费的调查与分析》,《社会主义研究》1996 年第 3 期。

65．李燕燕、耿明斋：《工业化与农地产权制度演进的方向》,《经济学动态》2009 年第 6 期。

66．李文涛、陈永杰：《中国人口城市化水平与结构偏差》,《中国人口科学》2001 年第 5 期。

67．李真：《流动与融合——农民工公共政策与服务创新论集》,团结出版社 2005 年版。

68．栾瑾崇、栾永胜、于学花：《我国城市化滞后的原因及政策选择》,《经济师》2004 年第 10 期。

69．刘传江、周玲：《社会资本与农民工的城市融合》,《人口研究》2004 年第 5 期。

70．刘传江、徐建玲：《第二代农民工及其市民化研究》,《中国人口·资源与环境》2007 年第 17 卷第 1 期。

71．刘传江、徐建玲等：《中国农民工市民化进程研究》,人民出版社 2008 年版。

72．刘传江、程建林：《第二代农民工市民化现状分析与进程测度》，《人口研究》2008 年第 5 期。

73．刘传江、程建林：《双重"户籍墙"对农民工市民化的影响》，《经济学家》2009 年第 10 期。

74．刘林平、张春泥：《农民工工资：人力资本、社会资本、企业制度还是社会环境》，《社会学研究》2007 年第 6 期。

75．刘伟：《突破"中等收入陷阱"的关键在于转变发展方式》，《上海行政学院学报》2011 年第 1 期。

76．刘文烈、魏学文：《关于新生代农民工市民化问题的思考》，《东岳论丛》2010 年第 12 期。

77．刘丽：《新生代农民工"内卷化"现象及其城市融入问题》，《河北学刊》2012 年第 32 卷第 4 期。

78．刘志强：《论新生代农民工融入城市的内外紧张关系》，《华南农业大学学报》（社会科学版）2010 年第 9 卷第 4 期。

79．刘爱玉：《城市化过程中的农民工市民化问题》，《中国行政管理》2012 年第 1 期。

80．林园春：《新生代农民工就业问题研究》，《现代农业科技》2010 年第 20 期。

81．林善浪、张作雄、林玉妹：《家庭生命周期对农村劳动力回流的影响分析——基于福建农村的调查问卷》，《公共管理学报》2011 年第 4 期。

82．卢国显：《我国大城市农民工与市民社会距离的实证研究》，《中国人民公安大学学报》（社会科学版）2006 年第 4 期。

83．卢国显：《差异性态度与交往期望：农民工与市民社会距离的变化趋势——以北京市为例》，《浙江学刊》2007 年第 6 期。

84．梁如彦、左晶晶：《新生代农民工城市融入问题研究》，《山西农业大学学报》（社会科学版）2014 年第 1 期。

85．罗淳：《贝克尔关于家庭对孩子需求的理论》，《人口学刊》1991 年第 5 期。

86．罗霞、王春光：《新生代农村流动人口的外出动因与行动选择》，《浙江社会科学》2003 年第 1 期。

87．罗莉、卢敏：《新生代农民工城市融入的制约因素及对策》，

《当代经济》2014 年第 21 期。

88．孟艳春、张耀奇：《“民工荒”与中国低成本劳动力时代的终结》，《西南民族大学学报》2012 年第 2 期。

89．梅金平：《不确定性、风险与中国农村劳动力区际流动》，《农业经济》2003 年第 6 期。

90．梅亦、龙立荣：《中国农民工城市融入的问题研究》，《江西财经大学学报》2013 年第 5 期。

91．牛若峰：《发展模式、技术进步与农村劳动力转移》，载《海峡两岸农业科技与农业发展研讨会论文集》，1995 年。

92．彭仁贤：《新生代农民工问题研究述评》，《经济问题探索》2011 年第 4 期。

93．全国总工会新生代农民工问题研究课题组：《关于新生代农民工问题的研究报告》，《工人日报》2010 年 6 月 21 日。

94．全国总工会：《全国总工会新生代农民工问题课题组关于新生代农民工问题的研究报告》，2010 年 3 月发布。

95．钱雪飞：《新生代农民工收入情况及影响因素》，《当代青年研究》2010 年第 3 期。

96．钱正武：《社会排斥：农民工市民化进程缓慢的根本原因》，《调研世界》2011 年第 2 期 。

97．史清华、卓建伟、郑龙真：《农民外出就业及遭遇的实证分析》，《中国农村经济》2004 年第 10 期。

98．史晋川、郎金焕：《跨越“中等收入陷阱”——来自东亚的启示》，《浙江社会科学》2012 年第 10 期。

99．沈君彬：《社会政策视域下的新生代农民工城市融入：一个分析的框架》，《中共福建省委党校学报》2012 年第 10 期。

100．单菁菁：《农民工的社会网络变迁》，《城市问题》2007 年第 4 期。

101．王毅杰、童星：《流动农民社会支持网探析》，《社会学研究》2004 年第 2 期。

102．宋惠敏：《农民工分层城市融入的治理模式与措施——基于农民工经济收入分化的标准》，《农业经济》2011 年第 2 期。

103. 宋国凯：《分群体分阶段逐步改革农民工体制问题——基于农民工分化与社会融合的思考》，《北京工业大学学报》（社会科学版）2012 年第 2 期。

104. 宋慧敏、李国强：《中低收入农民工阶层城市融入的三重阻力》，《中国经贸导刊》2011 年第 1 期。

105. 田雪原：《中国人口政策 60 年》，社会科学文献出版社 2009 年版。

106. 田凯：《关于农民工的城市适应性的调查分析与思考》，《社会科学研究》1995 年第 5 期。

107. 汤茂林：《二战以来世界城市化发展特征》，《城市科学研究》2000 年第 3 期。

108. 汤韵：《台湾城市化发展初探》，《长春大学学报》2011 年第 11 期。

109. 唐踔：《对我国新生代农民工市民化问题的几点思考》，《江西农业大学学报》（社会科学版）2010 年第 2 期。

110. 唐灿、冯小双：《"河南村"：流动农民的分化》，《社会学研究》2000 年第 4 期。

111. 唐红萍、杨映秋：《新生代农民工城市融入机理研究》，《安徽农业大学学报》（社会科学版）2014 年第 2 期。

112. 吴适、王平安：《新生代农民工融入城市的困境及对策研究》，《广东农业科学》2012 年第 8 期。

113. 吴要武：《"刘易斯转折点"来临：我国劳动力市场调整的机遇》，《开放导报》2007 年第 6 期。

114. 魏顺宝：《新生代农民工就业问题研究述评》，《安徽农业科学》2012 年第 14 期。

115. 魏晨：《新生代农民工的身份认同问题研究——以徐州地区为例》，《经济与社会发展》2006 年第 12 期。

116. 魏培全：《谁来填补 2 亿农民工的消费空白》，《半月谈》2007 年 11 月 28 日。

117. 魏礼群：《改革开放三十年见证与回顾》，中国言实出版社 2008 年版。

118. 王春光：《新生代农村流动人口的社会认同与城乡融合的关系》，《社会学研究》2001 年第 3 期。

119. 王春光：《农村流动人口的"半城市化"问题研究》，《社会学研究》2006 年第 5 期。

120. 王春光：《新生代农民工城市融入进程及问题的社会学分析》，《青年探索》2010 年第 3 期。

121. 王涤、顾宝昌：《从人口学的视角看中国"三农"问题——试论中国农村人口数量变化与社会经济发展的交互影响》，《人口学刊》2005 年第 6 期。

122. 王竹林：《农民工市民化的城市化困境及其战略选择》，《开发研究》2010 年第 4 期。

123. 王银梅、刘语潇：《从社会保障角度看我国农村土地流转》，《宏观经济研究》2009 年第 11 期。

124. 王东、秦伟：《农民工代际差异研究——成都市在城农民工分层比较》，《人口研究》2002 年第 5 期。

125. 王明学、冉云梅、刘闵：《新生代农民工社会融入问题分析》，《中国青年研究》2012 年第 1 期。

126. 汪进、钟笑寒：《中国的刘易斯转折点是否来临——理论辨析与国际经验》，《社会科学》2011 年第 5 期。

127. 万明国：《都市农民的二次分化与分类社会保障对策》，《经济与管理研究》2004 年第 3 期。

128. 《我国农民工工作"十二五"发展规划纲要研究》课题组：《中国农民工问题总体趋势：观测"十二五"》，《改革》2010 年第 8 期。

129. 熊主武：《努力改变农村人口结构扭曲的状况》，《中国发展观察》2012 年第 1 期。

130. 熊健益：《我国 2020 年以前劳动力供求状况研究》，《统计教育》2008 年第 6 期。

131. 肖鼎光：《中国农民工与城市流动人口研讨会综述》，2006 年 4 月 11 日（http：//www. cids. org. cn/1）。

132. 许坤红：《现代性与农民工的市民化》，《现代商业》2007

年第 17 期。

133．夏国锋：《农民工研究视角的转向：从整体到分化》，《襄樊学院学报》2008 年第 1 期。

134．谢建社：《新生代农民工融入城镇问题研究》，人民出版社 2012 年版。

135．谢建社、谢宇：《新生代农民工融入城市的预期与构想——以珠三角"民工荒"为例》，《城市观察》2010 年第 3 期。

136．新生代农民工基本情况研究课题组：《新生代农民工的数量、结构和特点》，《数据》2011 年第 4 期。

137．薛志伟：《新生代农民工渐成主力》，《经济日报》2014 年 5 月 13 日。

138．于丽敏、王国顺：《农民工收入与消费问题的实证分析——以东莞为例》，《经济纵横》2009 年第 5 期。

139．闫翅鲲、张立波：《新生代农民工城市融入障碍分析》，《重庆科技学院学报》（社会科学版）2010 年第 23 期。

140．杨哲、王小丽：《新生代农民工城市融入中精神压力研究》，《理论月刊》2014 年第 1 期。

141．杨春华：《关于新生代农民工问题的思考》，《农业经济问题》2010 年第 4 期。

142．张永丽、柳建平：《流动转型与发展——农村劳动力流动对流出地的影响研究》，中国社会科学出版社 2010 年版。

143．张永丽、刘富强：《劳动力流动对流动者人力资本形成的效应探析》，《人口与经济》2010 年第 1 期。

144．张永丽、景文超：《试论中国的人口转变、结构转型与刘易斯转折点》，《上海财经大学学报》2012 年第 6 期。

145．张永丽、黄祖辉：《新一代流动劳动力的特征及流动趋势——来自甘肃省 10 个样本村的调查与分析》，《中国人口科学》2008 年第 2 期。

146．张国胜：《农民工市民化的城市融入机制研究》，《江西财经大学学报》2007 年第 2 期。

147．张涛：《农民工群体内部分层及其影响：以收入分层为视角——武汉市农民工思想道德调查分析报告》,《青年研究》2007年第 6 期。

148. 张林、王超恩:《新生代农民工的生存需求状况分析》,《经济研究参考》2010 年第 70 期。

149. 张利军、郭敏:《日本学者评日本国内关于中国当前经济发展的几种代表性观点》,《国外理论动态》2005 年第 4 期。

150. 周立:《"刘易斯拐点"已现:"民工荒"与"涨薪潮"》,《湖北经济学院学报》2011 年第 5 期。

151. 周运清、刘莫鲜:《都市农民的二次分化与社会分层研究》,《中南民族大学学报》(人文社会科学版) 2003 年第 1 期。

152. 周天勇:《中国的刘易斯拐点并未来临》,《江苏农村经济》2010 年第 11 期。

153. 赵泽洪、周绍宾:《现代社会学》,重庆大学出版社 2003年版。

154. 赵立新:《城市农民工市民化问题研究》,《人口学刊》2006 年第 4 期。

155. 赵振华:《当前中国农民工收入分析》,《党政干部学刊》2009 年第 5 期。

156. 中国科学院可持续发展战略研究院:《2005 中国可持续发展战略报告》,科学出版社 2005 年版。

157. 中国社会科学院社会发展综合指标实验室:《2011 年中国民生问题及城市化问题调查》,《中国社科智讯》2012 年 4 月 6 日。

158. 中国家庭文化研究会:《新生代进城务工者婚恋生活状况调查》,《中国妇运》2012 年第 2 期。

159. 中国市长协会:《中国城市发展报告 2011》,中国城市出版社 2012 年版。

160. 中国农民工问题研究总报告起草组:《中国农民工问题研究总报告》,《改革》2006 年第 5 期。

161. 朱信凯:《农民工市民化的国际经验及对我国农民工问题的启示》,《中国软科学》2005 年第 1 期。

162. 朱宇:《新生代农民工:特征、问题与对策》,《人口研究》2010 年第 2 期。

163. 朱力：《论农民工阶层的城市适应》，《江海学刊》2002
年第 6 期。

164. 曾令华、江群、黄泽先：《非农就业增长与城市化进程相
关性分析》，《经济体制改革》2007 年第 1 期。

165. Green, S., *On the World's Factory Floor: How China's Work-ers Are Changing China and the Global Economy*, Special Analysis of Key Topics, Standard Chartered Bank, 2008.

166. Lewis, W. A., *Economic Development with Unlimited Supplies of Labor*, The Manchester School of Economic and Social Studies, 1954.

N